音声DL版

英検®

2級

頻出度別問題集

高橋書店

CONTENTS

編集協力	大知	音声協力	Chris Koprowski
データ分析	岡野秀夫		Rachel Walzer
音声制作	（一財）英語教育協議会（ELEC）		Dominic Allen
	ユニバ合同会社		Ann Slater
			Julia Yermakov
			Peter Gomm
			水月優希
			小谷直子

英検®は、公益財団法人 日本英語検定協会の登録商標です。

英検® 2級受験にあたって

試験の出題レベル

高校卒業程度です。具体的には「社会生活に必要な英語を理解し、また使用できる」程度です。

審査領域

読む…社会性のある内容の文章を理解することができる。
聞く…社会性のある内容を理解することができる。
話す…社会性のある話題についてやりとりすることができる。
書く…社会性のある話題について書くことができる。

試験概要

一次試験（筆記とリスニング）と二次試験（面接）があります。一次試験の結果は、ウェブサイト上と書面で通知され、一次試験合格者は、一次試験の約1か月後に二次試験を行います。

試験の時期

6月・10月・1月の、年3回行われます。

試験の申し込み期間と申し込み場所

大体、試験の2か月半前から1か月前の間に申し込めます。個人で受験する場合、一部の書店・コンビニエンスストア、インターネットで申し込めます。

受験地

協会の指定した場所で試験を受けます。

一次試験の免除

一次試験に合格し、二次試験に不合格、もしくは何らかの理由で棄権した場合、1年間は一次試験が免除されます。ただし、二次試験を受ける際には出願手続きをとらなければなりません。

試験についての問い合わせ先

公益財団法人 日本英語検定協会
〒 162-8055 東京都新宿区横寺町 55
電話番号：03-3266-8311（英検サービスセンター）
ホームページ：https://www.eiken.or.jp/

一次試験（筆記とリスニング）

　試験の問題数は筆記39問とリスニング30問の計69問です。試験時間はそれぞれ85分、約25分です。

筆記(85分)／リスニング(約25分)

測定技能	形式・課題	内容	問題数	問題文の種類	解答形式
リーディング	短文の語句空所補充	文脈に合う適切な語句を補う。	20	短文 会話文	4肢選択 （選択肢印刷）
	長文の語句空所補充	パッセージの空所に文脈に合う適切な語句を補う。	6	説明文	
	長文の内容一致選択	パッセージの内容に関する質問に答える。	12	Eメール 説明文	
ライティング	英作文	指定されたトピックについての英作文を書く。	1	（英作文なので問題文はない）	記述式
リスニング	会話の内容一致選択	会話の内容に関する質問に答える。（放送回数1回）	15	会話文	4肢選択 （選択肢印刷）
	文の内容一致選択	短いパッセージの内容に関する質問に答える。（放送回数1回）	15	物語文 説明文	

二次試験（面接形式のスピーキングテスト）

　1対1の個人面接で、時間は約7分です。

英語での面接(約7分)

測定技能	形式・課題	内容	問題数	解答形式
スピーキング	音読	60語程度のパッセージを読む。	1	個人面接
	パッセージについての質問	音読したパッセージの内容についての質問に答える。	1	
	イラストについての質問	3コマのイラストの展開を説明する。	1	
	受験者自身の意見など	ある事象・意見について自分の意見などを述べる。（カードのトピックに関連した内容）	1	
	受験者自身の意見など	日常生活の一般的な事柄に関する自分の意見などを述べる。（カードのトピックに直接関連しない内容も含む）	1	

　＊試験の概要、時期、問い合わせ先等については変わる場合があります。

本書の特長

❶ 頻出度別にパートを分け、よく出る問題から始められる

ここ数年間に出題された2級の問題を細かく分析し、第1章、第3章、第4章はA・B・Cの3パート、第2章はA・Bの2パートに分類して構成しています。

頻出度 A：必ず押さえる！　最頻出問題

頻出度 B：合否の分かれ目！　重要問題

頻出度 C：A、B以外の押さえておきたい問題

なお、第2章の長文問題と第3章のライティングテストは、重要度で表示しています。

❷ 試験に出た単語・熟語リストが見られる

本書の第1章と専用サイトに載せたリストをおさえれば、過去10年間に「語句空所補充」によく出た単語・熟語をカバーできます。

※リストはこちら

https://www.takahashishoten.co.jp/book/43061wordidiom/

❸ 模擬試験で予行演習ができる

本書の総まとめとして、模擬試験を収録しています。直前対策や力だめしとして活用できます。

❹ 音声をパソコン・スマホで聞ける

以下の手順を参考に、学習環境に合わせてご利用ください。

・下記の専用サイトにアクセス、もしくは二次元コードを読み取り、お使いの書籍を選択してください
https://www.takahashishoten.co.jp/audio-dl/
・パスワード入力欄にシリアルコード（42161）を入力してください
・全音声をダウンロードするをクリック
※ストリーミングでも再生できます

※本サービスは予告なく終了することがあります
※パソコン・スマートフォンの操作に関する質問にはお答えできません

第1章

短文の
語句空所補充

2nd Grade

対策ポイント 短文の語句空所補充

　短文の空所に入る語句を四つの選択肢から選ぶ問題です。ここでは語彙・熟語・文法力が試されます。

　一次試験の 69 問中、この分野は 20 問を占めます。最近の傾向では、20 問中、語彙・熟語力を試す問題が 17 問程度、文法力を試す問題が 3 問程度です。

　この分野の問題は、知っていれば即答できるので、知識を深めて短時間で正解を見つけ、考察を要するほかの分野にあてる時間を稼ぎましょう。

語彙・熟語

Point 1
「一字違いで大違い」に注意する

　例えば、adopt「採用する」と adapt「適合させる」、explore「探検する」と explode「爆発する」などは、スペルは一字しか違いませんが、意味はまったく異なります。

　respectfully「敬意を表して」と respectively「順番に」も形は似ていますが意味はまったく違います。

　また日本語では「ヘルシーな食品」のように healthy を「健康にいい」という意味で使いますが、英語では「健康にいい」は healthful で、healthy「健康な」は健康な状態を示す形容詞です。

　熟語でも look after ～「～の世話をする」と look down ～「～を見下す」など、前置詞が一つ違うだけで意味がまったく変わる例がたくさんあります。

　このようなまぎらわしい選択肢によって「正確な知識があるかどうか」を出題者は試そうとします。まずは本書で頻出パターンを押さえ、まぎらわしい単語・熟語の迷いを断ちましょう。

Point 2
決まり文句を覚える

　英字新聞、英語ニュースで時事英語に慣れましょう。growth industry「成長産業」、consumption tax「消費税」、birth rate「出生率」のような語句は新聞にくり返し出てくるので、しぜんと身につきます。

　また、英語版のホームページも役立ちます。いくつか閲覧すると、共通用語が出てきます。例えば、ホームページ構築中のときには「しばらくお待ちください」の意味で under construction と表示されます（日本語版のホームページでもこれを直訳して「工事中」とよく表示されています）。

　このように「決まり文句」として語彙を増やすのは、「英検」対策ばかりか日常生活での英会話、ビジネス英語でも有効です。

　初対面の人に「おうわさはかねがね伺っています」と言いたければ、I have heard your rumor very often. と知っている単語を組み立てるのではなく、Your reputation precedes you. と「決まり文句」を使うのです。「丸暗記は役に立たない」などとはくれぐれも思わないでください。

文法　文法問題は、原理を知っていれば文の意味がわからなくても解ける問題も多くあります。「不定詞・動名詞」「仮定法」が頻出なので、章末のコラムにまとめています。また、応用範囲が広いので、以下のポイントも活用してください。

Point 1
対象が二つか三つ以上かに注目する

　例えば形容詞と副詞には原級、比較級、最上級があります。比較級と最上級の違いは何でしょうか。比較級は「より〜」、最上級は「最も〜」と答えるだけでは漠然としています。文法問題では数字で切って考えてください。つまり、二者の比較は比較級、三者以上の比較は最上級で表します。

　　例えば：During the summer vacation, we visited Paris, London, and Rome.
　　　　　　The food was better in Rome.
「夏休みに、我々はパリとロンドンとローマを訪れました。料理はローマが一番でした。」
この英文は誤りです。パリ、ロンドン、ローマの3都市の比較なので、
The food was the best in Rome.
としなければなりません。

　また「〜の間で」と言う場合も「〜」が二者なら between 〜、三者以上なら among 〜となります。英語の二つと三つの間には、隔てる川があるようです。

Point 2
either, neither で主語が二つ？？

either A or B「A と B のどちらか」、neither A nor B「A と B のどちらも〜ない」の場合、主語は A、B の二つですが、文の動詞は B を主語とみなして決められます。

　例えば：Neither Jane nor her friends are going to the wedding.
「ジェーンも彼女の友だちもその結婚式には行きません。」
動詞は B にあたる複数形の friends に合わせて are going となります。

語彙の問題

次の（　　）に入れるのに最も適切なものを **1**、**2**、**3**、**4** の中から一つ選びなさい。

(1) The result of some scientific studies indicates that second hand smoke is very dangerous, so some cities have (　　) smoking in public spaces.
  1 arrested   **2** banned
  3 adjusted   **4** cheered

(2) The principal said he would (　　) our field trip if we followed the safety rules and got a permit signed by our parents.
  1 approve   **2** complain
  3 reconsider   **4** dispose

(3) Kate's tennis coach told her that she had shown great (　　) in her smashing over the last three months.
  1 influence   **2** progress
  3 desire   **4** routine

(4) When you have (　　) in your work, it means you could change your working time or work from home according to your intention.
  1 majority   **2** similarity
  3 quantity   **4** flexibility

(5) Our science teacher (　　) the importance of collecting data, since the more data we record, the better our research will be.
  1 embarrassed   **2** employed
  3 encouraged   **4** emphasized

解答・解説

(1) **訳** いくつかの科学的研究の結果によれば副流煙は非常に危険
なので、市によっては公共の場での喫煙を禁じている。

解説「公共の場での喫煙」をどうしたか？　なので、**2** banned「禁じた」
が文意に合う。**1** arrested「逮捕した」　**3** adjusted「調整した」　**4** cheered
「応援した」は、いずれも文意に合わない。

(2) **訳** 校長先生は、我々が安全規則に従い、許可書に親のサイン
をもらえたら実地見学を承認すると言った。

解説 **1** approve「承認する」が文意に合う。この条件を満たしたのに **2** complain
「不平を言う」　**3** reconsider「考え直す」では文意に合わない。　**4** dispose
「配置する」ではつながらない。

(3) **訳** ケイトのテニスコーチは彼女に、この3か月でスマッシュ
がたいへん進歩したねと言った。

解説 had shown「示した」のは、ここでは **2** progress「進歩、上達」が文
意に合う。**1** influence「影響」　**3** desire「欲望」　**4** routine「日課」で、い
ずれも文意に合わない。

(4) **訳** 仕事に融通性がある時、自分の意思により就業時間を変え
たり在宅勤務ができるということになる。

解説 勤務形態を自分で変えることができるのだから、**4** flexibility「融通性」
が適する（「フレックス」というカタカナ語でもおなじみ）。**1** majority「多
数」　**2** similarity「類似」　**3** quantity「量」。いずれも不適。

(5) **訳** 私たちの科学の先生は、データを多く記録するほど研究の
質が高まるので、データ収集の重要性を強調した。

解説 **4** emphasized「強調した」が文意に合う。**1** embarrassed「当惑させ
た」　**2** employed「雇用した」　**3** encouraged「励ました」で、いずれも文
意に合わない。

(6) **A**: Judy, you have much homework, haven't you? I (   ) you can't go to the concert this evening.

B: At all costs, I will go. I've been a big fan of this band.

1 assume   **2** discover

3 pretend   **4** recommend

(7) **A**: Was the committee held (   )?

B: Yes. We had one every two weeks.

1 frequently   **2** temporarily

3 gradually   **4** seriously

(8) This actress can play a wide (   ) of roles.

1 career   **2** tone

3 range   **4** sketch

(9) Some of her new coach's advice just before the final seems to have a great (   ) to do with Naomi's victory in this tennis championship.

1 deal   **2** relief

3 place   **4** growth

(10) Experts at the art gallery believed the painting was a (   ) Rembrandt, but it had been replaced with a fake.

1 severe   **2** logical

3 genuine   **4** portable

(11) When the manager asked Sarah about the current stock market, she answered (   ) because she was not sure if she was well informed.

1 academically   **2** hesitantly

3 spiritually   **4** terribly

(6) 訳 A：ジュディー、宿題がたくさんあるよね？ 今夜はコンサートには行けないと思うんだけど。

B：なんとか行くつもりよ。このバンドの大ファンなんだから。

解説 宿題がたくさんあるからコンサートには行けないということから 1 assume「当然思う」が文意に合う。2 discover「発見する」 3 pretend「装う」 4 recommend「推薦する」で、いずれも文意に合わない。

(7) 訳 A：委員会はよく開かれたのですか？

B：ええ。2週間に一度でした。

解説 Bの答えから開催頻度をたずねているとわかるので、頻度を表す 1 frequently「たびたび」が正解。2 temporarily「一時的に」 3 gradually「徐々に」 4 seriously「深刻に」で、いずれも Bの答えと合わない。

(8) 訳 この女優は幅広い役柄を演じることができる。

解説 役柄の 3 range「範囲」が広いということ。1 career「経歴」 2 tone「調子」 4 sketch「素描」で、いずれも役の幅広さを表さない。

(9) 訳 決勝戦直前の新コーチによる何らかの助言が、ナオミのこのテニス選手権勝利に大いに関係あるようだ。

解説 1 deal が a great deal「多量、たくさん」の意味の熟語を形成し、have a great deal to do with ～ で「～に関して多大に影響する」という意味になる。

(10) 訳 画廊の専門家は、その絵が本物のレンブラントだと信じたが、それは偽物と取り換えられていた。

解説 fake「偽物」の反対語だから、3 genuine「本物の」が正解。1 severe「厳しい」 2 logical「論理的な」 4 portable「持ち運びできる」。いずれも不適。

(11) 訳 マネージャーがサラに現在の株式市場について尋ねた時、彼女は情報が十分かどうか確信が持てなかったので、ためらいがちに答えた。

解説 情報が十分かどうかわからないので、2 hesitantly「ためらいがちに」になる。1 academically「学術的に」 3 spiritually「精神的に」 4 terribly「ひどく」。いずれも文意に合わない。

(12) Ted really missed face-to-face communication when he first started remote working, but he has become (　　) it over the last month.

1 relevant to   **2** guilty of

3 worthy of   **4** accustomed to

(13) Mr. Brody participated in the tennis camp as the club coach this summer. He enjoyed it very much, so he felt very sad when it (　　) an end.

1 dug up   **2** took over

3 came to   **4** fell on

(14) Before Ellen traveled to China, she made sure if her health (　　) would cover her if she got sick there.

1 violence   **2** insurance

3 affection   **4** punishment

(15) In spite of the high price, the (　　) of Japanese fruit has grown rapidly in China.

1 expression   **2** preservation

3 probability   **4** consumption

(16) Japan failed to (　　) its new rocket because something was wrong in the second engine.

1 elect   **2** impact

3 launch   **4** sweep

(17) Charlie studied French in college, and now, he can use it proficiently with confidence as a diplomat. He did not go to college for (　　).

1 anything   **2** nothing

3 everything   **4** something

(12) （訳）テッドは当初遠隔勤務を始めた時、直接対面式のコミュニケーションがなく本当に寂しかったが、先月の間に慣れてきた。

（解説）become accustomed to ～ が「～に慣れてくる」の意になり、**4** が正解。**1** relevant to ～「～に関係する」 **2** guilty of ～「～について有罪の」 **3** worthy of ～「～に値する」で、いずれも不適。

(13) （訳）ブロディー先生は今年の夏、クラブのコーチとしてテニス合宿に参加した。彼はたいへんそれを楽しんだので、終わりを迎えた時はとても悲しかった。

（解説）came to an end で「終わりを迎えた」の意になり、**3** が正解。**1** dug up「掘り起こした」 **2** took over「引き継いだ」 **4** fell on「倒れた」。いずれも不適。

(14) （訳）エレンは中国旅行の前、病気になった場合医療保険で補償されるか確認した。

（解説）現地で病気になった場合の補償だから、**2** insurance「保険」が適切。**1** violence「暴力」 **3** affection「愛情」 **4** punishment「罰」。いずれも不適。

(15) （訳）高い値段にもかかわらず、日本の果物の消費が中国で急速に増えている。

（解説）**4** consumption「消費」が文意に合う。**1** expression「表現」 **2** preservation「保護」 **3** probability「見込み」で、いずれも文意に合わない。

(16) （訳）第二エンジンに何らかの異常があったため、日本は新しいロケットの打ち上げに失敗した。

（解説）ロケットだから、**3** launch「打ち上げる」が正解。**1** elect「選ぶ」 **2** impact「衝突する」 **4** sweep「掃除する」。いずれも不適。

(17) （訳）チャーリーは大学でフランス語を勉強し、そして今や、外交官として自信を持って使いこなせる。彼が大学に行ったのは無駄ではなかった。

（解説）大学での勉強を肯定する意味のはずが、He did not go to college と否定文になっている。**2** の for nothing「無駄に」がマイナスの意味を持ち、否定されることでプラスの意味に転じるので、文意に合う。ほかの選択肢だと、プラスの意味にはならない。

(18) Electric vehicles will be (　　) because the government plans to ban the sale of new gasoline-powered cars in the near future.

1 on patrol **2** in demand

3 on purpose **4** in danger

(19) **A**: Harvey, are you enjoying campus life as a new student?

B: Generally, yes. (　　) of lectures, it's not that good, but I'm very happy I can make lots of new friends.

1 In place **2** By means

3 In terms **4** On top

(20) Bill wants to get some exercise or have a hobby so as (　　) his stress and anxiety.

1 relieving **2** relieved

3 to relieve **4** having relieved

(21) Jennie had to wait for lunch until the pizza delivery person came. (　　), she finished her term paper.

1 To some extent **2** In the meantime

3 At any cost **4** On the contrary

(22) The teacher offered a chemistry experiment in which the students could analyze a (　　) of water and acid.

1 climate **2** mixture

3 entry **4** moment

(23) Harrison (　　) up getting married to Kelly. They had been dating for a long time.

1 put **2** made

3 ended **4** fit

(18) **訳** 政府は近い将来新たなガソリン車の販売を禁止する計画なので、電気自動車に需要が出るだろう。

ANSWER **2**

解説 **2** in demand「需要がある」が文意に合う。**1** on patrol「パトロール中で」 **3** on purpose「意図的に」 **4** in danger「危険で」で、いずれも不適。

(19) **訳** Ａ：ハービー、新入生として大学生活を楽しんでいるかい？
Ｂ：大体のところはね。講義に関してはそんなによくないけど、新しい友だちがたくさんできてとてもうれしいよ。

ANSWER **3**

解説 In terms of 〜 が「〜に関しては」の意になり、**3** が正解。**1** In place of 〜「〜の代わりに」 **2** By means of 〜「〜を用いて」 **4** On top of 〜「〜の上に」となり、いずれも不適。

(20) **訳** ビルはストレスと不安を和らげるために、何か運動をするか趣味を持ちたがっている。

ANSWER **3**

解説 so as to の後に動詞の原形を続けた so as to *do* で「〜するために」の意味を表す。to + 原形はもちろん **3** to relieve。

(21) **訳** ジェニーはピザの配達員が来るまで昼食を待たねばならなかった。その間に、彼女は期末レポートを仕上げた。

ANSWER **2**

解説 待ち時間を利用してということだから、**2** In the meantime「その間に」が文意に合う。**1** To some extent「ある程度」では finished と矛盾。**3** At any cost「何が何でも」 **4** On the contrary「反対に、逆に」は、いずれも不適。

(22) **訳** その先生は、生徒たちが水と酸の混合について分析できる化学実験を提供した。

ANSWER **2**

解説 水と酸の実験だから、**2** mixture「混合」が文意に合う。**1** climate「気候」 **3** entry「入場」 **4** moment「瞬間」。いずれも意味をなさない。

(23) **訳** ハリソンはとうとうケリーと結婚した。彼らは長い付き合いだった。

ANSWER **3**

解説 end up 〜ing で「とうとう〜する」の意になり、**3** が正解。ほかの選択肢はどれも up + 動名詞とはつながらない。

(24) **A**: Brian, why do you think that man is (　　) at me? He looks weird.

B: Certainly he is dubious. I will see you home.

1 staring
2 gathering
3 firing
4 kidding

(25) The professor (　　) Elizabeth to continue her research, but she guessed that she could not get a good result, and so she decided to quit it.

1 urged
2 extended
3 praised
4 succeeded

(26) Male gorillas (　　) aggressively towards what they perceive to be a threat. For example, they bark, beat their chests and even throw forward their powerful bodies.

1 behave
2 interpret
3 approve
4 delay

(27) **A**: How far should I (　　) my knees when I exercise in the shower?

B: Frankly speaking, it depends on your experience level.

1 knit
2 trap
3 plant
4 bend

(28) Jackie wants her students to act (　　) toward everybody, so she always tell them to show respect to other people.

1 politely
2 luckily
3 commonly
4 silently

(24) **訳** A：ブライアン、あの男性が私を見つめているのは何故だと思う？ なんだか気持ち悪いんだけど。

B：確かに怪しいね。家まで送ってあげるよ。

解説 じっと見られて気持ち悪いということで、**1** staring「見つめる」が正解。**2** gathering「集まる」 **3** firing「発砲する」 **4** kidding「からかう」。いずれも文意に合わない。

ANSWER 1

(25) **訳** 教授はエリザベスに研究を続けるようしきりに勧めたが、彼女は好結果は得られないと推測し、やめようと決めた。

解説 前節とは逆接的に「やめようと決めた」のだから、前節で教授は続けるように **1** urged「しきりに勧めた」が文意に合う。**2** extended「延長した」 **3** praised「称賛した」 **4** succeeded「後を継いだ」で、いずれも文意に合わない。

ANSWER 1

(26) **訳** 雄ゴリラは、脅威と感じるものに対して攻撃的にふるまう。例えば、吠えたり、胸をたたいたり、力強い体をぶつけさえする。

解説 例として具体的な行動が示されているから、**1** behave「行動する、ふるまう」が文意に合う。**2** interpret「解釈する」 **3** approve「承認する」 **4** delay「遅れる」。いずれも後に続く具体例と合わない。

ANSWER 1

(27) **訳** A：シャワー中に運動する時、どのくらいまでひざを曲げるべきかな？

B：率直に言うと、君の経験のレベルによるね。

解説 「どのくらいまでひざを」だから、**4** bend「曲げる」が正解。**1** knit「編む」 **2** trap「わなにかける」 **3** plant「植える」。いずれも knees「両ひざ」にはできない。

ANSWER 4

(28) **訳** ジャッキーは生徒たちが誰に対しても礼儀正しくふるまうことを望んだので、 他人には敬意を表するよう常に彼らに言っていた。

解説 敬意を表するには、**1** politely「丁重に」が正解。**2** luckily「幸いに」 **3** commonly「共通して」 **4** silently「黙って」。いずれも不適。

ANSWER 1

(29) Sandy is studying history of the key ancient (   ) in high school. Especially he is interested in the beginning of the Roman Empire.

1 proportions   **2** appointments

3 supplements   **4** civilizations

(30) He tried everything he could think of to rebuild his company, but all his efforts were (   ).

1 in spite   **2** in charge

3 in vain   **4** in demand

(31) The presenter wasn't able to exhibit sufficient background of some (   ) involved in the new product, so she had to take extra time to explain them.

1 whispers   **2** concepts

3 deposits   **4** apologies

(32) Betty (   ) the Internet as her main source of information, although she doesn't know whether that information is accurate.

1 makes up   **2** drops at

3 holds in   **4** relies on

(33) **A**: I can't believe my favorite champion lost his world heavyweight boxing title last night, Brandon.

B: Well, he had a big (   ). He hasn't recovered enough from the injuries that he suffered in his previous title match.

1 equipment   **2** supplement

3 disadvantage   **4** percentage

(29) **[訳]** サンディーは高校で主な古代文明の歴史を勉強している。特 **ANSWER 4**
に彼は、ローマ帝国の始まりに興味を持っている。

[解説] **4** civilizations「文明」が文意に合う。**1** proportions「割合」
2 appointments「予約」 **3** supplements「補足」はいずれも文意に合わない。

(30) **[訳]** 彼は会社を再建するために考えられるすべてのことを試み **ANSWER 3**
たが、あらゆる努力が無駄に終わった。

[解説] **3** in vain「無駄に、むなしく」が文意に合う。**1** in spite（in spite of
〜で「〜にもかかわらず」） **2** in charge「責任のある」 **4** in demand「需
要のある」。いずれも文意に合わない。rebuild「再建する」。

(31) **[訳]** 発表者は、新製品に関するいくつかのコンセプトについて **ANSWER 2**
十分な背景的情報を示すことができなかったので、それを
説明するのに余分な時間を取らねばならなかった。

[解説] 新製品について説明が必要なのは **2** concepts「構想」。**1** whispers「さ
さやき」 **3** deposits「預金」 **4** apologies「謝罪する」はいずれも文意に合
わない。

(32) **[訳]** ベティは、主な情報源として、その情報が正確かどうかは **ANSWER 4**
わからないけれどインターネットを頼りにしている。

[解説] 「主な情報源として」に合うのは、**4** relies on 〜「〜を頼りにしている」。
1 makes up 〜「〜を考案する」 **2** drops at 〜「〜に立ち寄る」 **3** holds in
〜「〜を抑える」はいずれも文意に合わない。

(33) **[訳]** A：私の好きなチャンピオンが昨夜ボクシングの世界ヘビー **ANSWER 3**
級タイトルを失ったのは信じられないよ、ブランドン。
B：うん、大いに不利な立場だったんだ。前のタイトルマッチで負っ
たけがが十分に回復していなかったんだ。

[解説] けがが治らないまま試合に出たので **3** disadvantage「不利な立場」が
文意に合う。**1** equipment「装置」 **2** supplement「補強」 **4** percentage「割
合」はいずれも敗因にならない。

(34) Richard (　) his time between working from home and helping his wife with housework. He would like to spend a little more time for work, but his wife does not accept that.

    1 publishes   **2** scratches

    3 divides   **4** attaches

(35) This article says that the basic four (　) of survival are shelter, water, fire and food. And it shows the directions to survive in the wilderness without a knife, water or matches.

    1 duties   **2** narrations

    3 witnesses   **4** elements

(36) Daniel has been with Kumiko for five years and they (　) submitted their marriage registration yesterday.

    1 slightly   **2** eventually

    3 mildly   **4** heavily

(37) Rena's grandfather is careful for his daily food, and jog every morning to (　) his health.

    1 preserve   **2** interpret

    3 replace   **4** betray

(38) In soccer, (　) should be set up by the team's manager or coach before the game. After that, players in the team can prepare for acting in an organized way.

    1 currency   **2** envelopes

    3 quarrels   **4** formation

(34) 訳 リチャードは、在宅勤務と妻が家事をするのを手伝うのに時間を分けている。彼はもう少し仕事に時間を割きたいのだが、妻がそれを受け入れない。

 ANSWER 3

解説 時間の配分が問題だから、**3** divides「分ける」が正解。**1** publishes「出版する」 **2** scratches「ひっかく」 **4** attaches「ひっつける」。いずれも文意に合わない。

(35) 訳 この記事には、生き残りの基本四要素は避難場所と水と火と食べ物だと書いてある。そしてナイフも水もマッチもなしに原野で生き残るためのやり方を示している。

 ANSWER 4

解説 生き残りに「必要なもの」を表すのは **4** elements「要素」。**1** duties「義務」は行為を表すので、不適。**2** narrations「物語、語り」 **3** witnesses「目撃者」は、いずれも不適。

(36) 訳 ダニエルはクミコと５年間付き合い、昨日ついに婚姻届けを提出した。

 ANSWER 2

解説 ５年の交際を経て昨日ということだから、**2** eventually「ついに、結局は」が正解。**1** slightly「わずかに」 **3** mildly「穏やかに」 **4** heavily「重く」だと意味をなさない。

(37) 訳 レナの祖父は健康を維持するため、日常の食事に注意し、毎朝ジョギングする。

 ANSWER 1

解説 **1** preserve「保持する」が文意に合う。**2** interpret「解釈する」 **3** replace「置き換える」 **4** betray「裏切る」。いずれも health「健康」を目的語とすると意味をなさない。

(38) 訳 サッカーでは、試合前にチームの監督かコーチによってフォーメーションが組まれるべきだ。その後、チームの選手は組織的に行動する準備ができる。

 ANSWER 4

解説 **4** formation は「構成、編成」などの意味。サッカー用語では選手の配置や、戦術に即した陣形のことを指す。**1** currency「通貨」 **2** envelopes「封筒」 **3** quarrels「けんか」では意味をなさない。

(39) I really thank you for the kindness with which you (　　) me while I was in the U.S.

1 dealt **2** treated

3 acquainted **4** cooperated

(40) The hurricane caused a lot of damage to the city. The mayor announced total cost to restore all the damage would (　　) over $50 million.

1 aim at **2** calm down

3 check with **4** amount to

(41) One day Valerie and her husband sat on the bench in the park. (　　), their son Billy climbed the jungle gym. When he fell off it, they both cried. They saw the blood run severely from their beloved child's face.

1 Overall **2** Certainly

3 Meanwhile **4** Similarly

(42) **A**: The trains are delayed, Kelly. We're (　　) going to be late for our appointment.

B: Let's call Mr. McKay to tell him it isn't our fault.

1 jealously **2** obviously

3 strangely **4** generously

(43) **A**: Sandy, what time should I (　　) you off at the hotel?

B: The conference starts at 3:00, so how about 2:45?

1 pick **2** take

3 mark **4** drop

(39) 【訳】アメリカにいる間はご親切にもてなしてくださり、ほんとうにありがとうございます。

ANSWER 2

【解説】me は目的語なので、空所に入るのは他動詞。with the kindness「親切に」。選択肢は過去形だが原形で示すと、文意に合うのは **2** treat「扱う、待遇する」。**1** deal「配る」は不適。**3** acquaint は acquaint A with B で「A に B を知らせる」の意で不適。**4** cooperate「協力する」は自動詞なので不適。

(40) 【訳】ハリケーンは市に多大な損害をもたらした。市長は、全損害を回復するための総費用が 5000 万ドル超にのぼると発表した。

ANSWER 4

【解説】「(費用が)〜に達する」という意味を持つ **4** amount to が正解。**1** aim at「目指す」 **2** calm down「落ち着く」 **3** check with「相談する」。いずれも不適。

(41) 【訳】ある日、バレリーと彼女の夫は公園のベンチに座っていた。その間に、息子のビリーはジャングルジムに上った。彼がそこから落ちた時、二人とも叫んだ。二人は、自分たちの愛する子どもの顔から激しく血が流れるのを見た。

ANSWER 3

【解説】息子がジャングルジムに上った時、夫婦はベンチに座っていたのだから、**3** Meanwhile「その間に」が経過に沿っていて正解。**1** Overall「全体では」 **2** Certainly「確かに」 **4** Similarly「類似して」で、いずれも文意に合わない。

(42) 【訳】A：電車が遅れているよ、ケリー。明らかに約束の時間に遅れるだろう。
B：マッケイさんに電話して、我々のせいじゃないと伝えましょう。

ANSWER 2

【解説】電車の遅延により約束の時間に遅れるのは確実ということで、**2** obviously「明らかに」が文意に合う。**1** jealously「嫉妬で」 **3** strangely「奇妙に」 **4** generously「寛大に」でいずれも不適。

(43) 【訳】A：サンディー、何時にホテルで降ろせばいいかな？
B：会議は 3 時に始まるので、2 時 45 分はどうかな？

ANSWER 4

【解説】目的語 you をはさんだ off と合わせると **4** drop off「降ろす」が正解。**1** pick off「つみ取る」 **2** take off「離陸する」 **3** mark off「区別する」。いずれも意味をなさない。

(44) David is a member of an unknown band. He usually works at a game store, but he always says proudly his (   ) is a musician.

1 signature   **2** occupation

3 disaster   **4** emotion

(45) As the elevator was out of (   ), we had to climb up the stairs all the way.

1 number   **2** order

3 the blue   **4** stock

(46) When Sam's mobility as a fighter quite recovered that he could move around in the ring, the doctor (   ) him to fight a professional boxing match against the former heavyweight champion.

1 restored   **2** greeted

3 permitted   **4** followed

(47) As heavy rain unfortunately came down, the first game of the university baseball spring championship was (   ). It will be held the day after tomorrow instead.

1 reduced   **2** achieved

3 postponed   **4** completed

(48) We proposed to start new business together with our clients, but they turned (   ) our proposal.

1 up   **2** off

3 down   **4** around

(44) **訳** デービッドは無名のバンドの一員だ。彼は普段ゲーム店で働いているが、自分の職業はミュージシャンだといつも誇らしげに言う。

 ANSWER 2

解説 バンドの一員なので、ミュージシャンが **2** occupation「職業」ということで意味が通じる。**1** signature「署名」 **3** disaster「災害」 **4** emotion「感情」では意味をなさない。

(45) **訳** エレベーターが故障していたので、我々は階段をずっと上らなければならなかった。

 ANSWER 2

解説 out of order で「故障中」の意味。**1** out of number「無数の」 **3** out of the blue「突然（日本語でも「青天の霹靂（へきれき）」などと言う）」 **4** out of stock「在庫切れ」。主語が「エレベーター」なので、意味が通るのは **2** order だけ。

(46) **訳** サムのファイターとしてリングを動きまわれるほどすっかり回復した時、医者は彼に前ヘビー級チャンピオンとのプロボクシングの試合を行うことを許可した。

 ANSWER 3

解説 動きがすっかり回復したとあるので、試合に出るのを **3** permitted「許可した」が正解。**1** restored「回復させた」 **2** greeted「あいさつした」 **4** followed「従った」では意味をなさない。

(47) **訳** 残念なことに大雨が降ったので、大学野球春季選手権の第一試合は延期された。代わりに明後日開催される。

 ANSWER 3

解説 大雨のため試合は **3** postponed「延期された」が正解。**1** reduced「減らされた」 **2** achieved「達成された」 **4** completed「完成された」では意味が通らない。

(48) **訳** 我々は顧客と一緒に新しい事業を始めようと提案したが、彼らは提案を却下した。

 ANSWER 3

解説 **3** turned down「却下した」が正解。**1** turned up「出現した」 **2** turned off「（電気・ガスなど）を止めた」 **4** turned around「方向転換した」で、いずれも文意が通らない。client「顧客」。

(49) The literature teacher told the students to write a paper on the book they have just read. So they have to (　) the story.

1 calm down   **2** put away

3 believe in   **4** think over

(50) The President vowed to reduce domestic greenhouse gas emissions by at least fifty percent. He knows how our country should (　) to the problem of climate change.

1 respond   **2** confess

3 drag   **4** frown

(51) **A**: I'm going to the supermarket. Shall I get you something to eat?

B: No, thanks. I don't want anything in (　).

1 total   **2** particular

3 mood   **4** spite

(52) **A**: I sent my Mom a bunch of flowers on Mother's day.

B: (　) I.

1 And if   **2** But still

3 Nor will   **4** So did

(53) Although it is important to preserve tradition, we sometimes have to think about (　) away with old custom.

1 getting   **2** making

3 carrying   **4** doing

(49) 訳 文学の先生は、生徒に読んだばかりの本についてレポートを書くように言った。だから、生徒はその話についてよく考えなければならない。

ANSWER 4

解説 内容を「よく考える」の **4** think over が正解。**1** calm down「落ち着く」 **2** put away「片づける」 **3** believe in「信じる」で、いずれも文意に合わない。

(50) 訳 大統領は国内の温室ガス排出を最低50％削減することを誓った。彼は、我々の国が気候変動問題にどのように対応すべきかわかっている。

ANSWER 1

解説 **1** respond「対応する」が文意に合う。**2** confess「告白する」 **3** drag「引きずる」 **4** frown「顔をしかめる」でいずれも文意に合わない。

(51) 訳 A：これからスーパーマーケットへ行きます。何か食べ物を買ってきましょうか？
B：いいえ、結構です。特にほしいものはありません。

ANSWER 2

解説 **2** in particular「特に」が文意に合う。**1** in total「合計で」は文意と合わず不適。**3** mood は in the mood で「気分で」。**4** spite は in spite of 〜で「〜にもかかわらず」。

(52) 訳 A：私は母の日に花束を送りました。
B：私もです。

ANSWER 4

解説 肯定文（本問の場合 A のせりふ）を受け、その文と主語は違っても、行動が同じ場合、〈So do ＋ 主語(S)〉で「(S)もまたそうである」の意を示せる。本文は過去形なので、**4** So did が正解。

(53) 訳 伝統を守るのは重要だけれど、時には古い慣習を廃止することについても考えなければならない。

ANSWER 4

解説 **4** do away with 〜「〜を廃止する」が文意に合う。**1** get away with 〜、**2** make away with 〜はともに「〜を持ち逃げする」の意で不適。**3** carry away「運び去る」も不適。preserve「保持する」 tradition「伝統」 custom「慣習」。

次の（　　）に入れるのに最も適切なものを **1**、**2**、**3**、**4** の中から一つ選びなさい。

(1) Thick green mold is covering the entire painting because the walls absorbed moisture. We have to (　　) it to its original design and coloring.

1 restore **2** accompany
3 punish **4** compare

(2) Kate was raised in a poor family. After (　　) early in life, she enjoyed great success very much in her later years.

1 arresting **2** forecasting
3 functioning **4** struggling

(3) **A**: Excuse me, but would you mind filling out this (　　) for our reference?
B: I'm sorry, but I have to hurry to my workplace.

1 label **2** figure
3 purpose **4** survey

(4) Stan thinks that his daughter (　　) his wife. Their eyes are both blue, and they have the same smile.

1 falls down **2** takes after
3 lies off **4** sees in

(5) Pat's neighbor sometimes held a loud party at night. He could not (　　) it, so he complained about the noise to his neighbor at last.

1 stimulate **2** disturb
3 tolerate **4** inform

解答・解説

(1) **[訳]** 壁が湿気を吸い取ったので、その絵全体を厚い緑のカビが覆っている。我々はそれを元のデザインと色合いに修復しなければならない。

[解説] 元通りにしなければならないのだから、**1** restore「修復する」が正解。**2** accompany「伴う」 **3** punish「罰する」 **4** compare「比較する」で、いずれも文意に合わない。

(2) **[訳]** ケイトは貧しい家庭に育った。若い頃苦労したのち、彼女は後半生で大きな成功を満喫した。

[解説] 貧しい家庭に育ったということで **4** struggling「苦労した」が文意に合う。**1** arresting「逮捕した」 **2** forecasting「予告した、予測した」 **3** functioning「機能した」で、いずれもつながらない。

(3) **[訳]** A：すみませんが、我々の参考のため調査票に記入していただけませんか？

B：申し訳ないですが、職場に急がなければなりませんので。

[解説] 記入を依頼されるものなので **4** survey「調査票、調査」が正解。**1** label「ラベル」 **2** figure「数値、図」 **3** purpose「目的」で、いずれも不適。

(4) **[訳]** スタンは、自分の娘は妻に似ていると思う。二人とも目は青色だし、笑顔がそっくりだ。

[解説] **2** takes after「似ている」が正解。**1** falls down「倒れる」 **3** lies off「停泊する」 **4** sees in「迎え入れる」。いずれも文意に合わない。

(5) **[訳]** パットの隣人は時々夜に騒々しいパーティーを開いた。彼はそれを我慢できなかったので、ついには騒音に関する苦情を隣人に申し立てた。

[解説] 苦情を言ったのだから、パットは騒音を **3** tolerate「我慢する」ことができなかった。**1** stimulate「刺激する」 **2** disturb「乱す、妨げる」 **4** inform「告げる」ことができなかったでは文意に合わない。

(6) **A**: My new smart phone has many more (　　) than my old cell phone did.

B: Yeah. I think you should read the user's manual carefully.

1 features 　　　　　　**2** sensations

3 instincts 　　　　　　**4** contacts

(7) **A**: How did Susan (　　) to the fermented soybeans she tried this morning?

B: She said they were different.

1 contribute 　　　　　　**2** react

3 jump 　　　　　　　　**4** stick

(8) Mark is working for a car rental company, so he has to demonstrate what kinds of (　　) they have on offer.

1 liquids 　　　　　　**2** barriers

3 vehicles 　　　　　　**4** thermometers

(9) When I went out on a date with Donna for the first time, I couldn't reserve an expensive restaurant because my (　　) was quite small.

1 remark 　　　　　　**2** surface

3 budget 　　　　　　**4** thrill

(10) Most Kabuki programs were created during the Edo period and have been (　　) to the present.

1 turned out 　　　　　　**2** turned up

3 handed down 　　　　　　**4** handed up

(11) Karen's trip from San Jose to Tokyo was a bit longer than before because her flight was not direct this time. She came (　　) way of San Francisco.

1 by 　　　　　　**2** on

3 in 　　　　　　**4** at

(6) 【訳】A：私の新しいスマートフォンは古い携帯電話よりもずっと 多くの特徴がある。
B：そうですね。取扱説明書を注意して読むべきだと思いますよ。

【解説】スマートフォンにたくさんあるものとして、**1** features「特徴」が文意に合う。**2** sensations「気持ち」 **3** instincts「本能」はどちらも機器の描写としては不適で、**4** contacts「接点」も文意に合わない。

(7) 【訳】A：スーザンは、今朝食べてみた納豆にどう反応した？
B：独特だと言ってたよ。

【解説】react to ～で「～に反応する」の意となり、正解は **2**。**1**「～に貢献する」 **3**「～に飛びつく」 **4**「～に張り付く」で、いずれも文意に合わない。

(8) 【訳】マークはレンタカー会社に勤務しているので、どんな車種 を提供するのか説明しなければならない。

【解説】レンタカー会社で説明するのは **3** vehicles「車」が正解。**1** liquids「液体」 **2** barriers「障壁」 **4** thermometers「温度計」はいずれも不適。

(9) 【訳】ドナと初めてデートした時、予算がかなり少なかったので、 私は高いレストランを予約することができなかった。

【解説】**3** budget「予算」が正解。**1** remark「意見」 **2** surface「表面」 **4** thrill「ぞくぞくすること」。

(10) 【訳】ほとんどの歌舞伎の演目は江戸時代に創作され、現在まで 伝えられている。 ANSWER 3

【解説】hand down は「(慣習・伝統などを後世に) 伝える」という意味の熟語で、**3** が正解。ほかの選択肢では意味をなさない。

(11) 【訳】カレンのサンノゼから東京への旅は、今回は直行便ではな かったので、前回より少し長かった。サンフランシスコ経 由で来たのだ。 ANSWER 1

【解説】直行便でないということから考える。by way of ～で「～を経由して」という意味の熟語。

(12) Although the police searched the suspect's house, they could not find any clear (　　) there.

1 courage   **2** evidence

3 sorrow   **4** punishment

(13) Mr. King was so busy the day before his overseas business trip that he didn't have time to (　　) his suitcase until the morning of his departure.

1 judge   **2** pack

3 defend   **4** focus

(14) The expert (　　) the value of the notes the famous physicist wrote and handed to the bellboy in lieu of a tip while staying at the hotel to be 1.8 million dollars.

1 estimates   **2** prices

3 charges   **4** provides

(15) **A**: How do I eat this Japanese food called *natto*?

B: Try it with some soy sauce. (　　) it with your chopsticks.

1 Greet   **2** Stir

3 Orbit   **4** Hunt

(16) Please (　　) smoking, eating and drinking in this museum because it may damage the exhibits.

1 keep up   **2** refrain from

3 call off   **4** refer to

(17) A growing number of people are giving up their dogs and cats to animal shelters. Many of them (　　) their pets for economic reasons.

1 select   **2** reveal

3 admit   **4** abandon

(12) 訳 警察は容疑者宅を捜索したが、はっきりとした証拠が見つ ANSWER **2**
けられなかった。

解説 家宅捜索で見つけるはっきりとしたもの、から **2** evidence「証拠」が文意に合う。**1** courage「勇気」 **3** sorrow「悲しみ」 **4** punishment「罰」で、いずれも文意に合わない。

(13) 訳 キング氏は海外出張の前日たいへん忙しかったので、出発 ANSWER **2**
当日の朝までスーツケースに荷物を詰める時間がなかった。

解説 **2** pack「荷造りする」が文意に合う。**1** judge「判断する」 **3** defend「守る」 **4** focus「焦点を合わせる」で、いずれも文意に合わない。

(14) 訳 その専門家は、有名な物理学者がホテル滞在中、チップの ANSWER **1**
代わりにベルボーイに書いて手渡したメモの価値を 180 万
ドルと見積もっている。

解説 **1** estimates「見積もる」 **2** prices「値段をつける」 **3** charges「請求する」 **4** provides「供給する」のうち文意が通るのは、「値段を予想する」の意の **1**。

(15) 訳 Ａ：納豆というこの日本食はどうやって食べればいいの？ ANSWER **2**
Ｂ：しょうゆを少し加えて食べてみて。箸でかきまぜるんだ。

解説 **1** Greet「迎える」 **2** Stir「かきまぜる」 **3** Orbit「周回する」 **4** Hunt「狩る」のうち文意に合うのは、**2**。

(16) 訳 展示物を損傷することがあるので、当博物館では喫煙、飲 ANSWER **2**
食はお控えください。

解説 損なうと困るから NG というわけで **2** refrain from *do*ing「〜すること
を控える」が文意に合う。**1** keep up 〜「〜を持続する」 **3** call off 〜「〜
を中止する」 **4** refer to 〜「〜に言及する」で、いずれも文意に合わない。

(17) 訳 犬や猫を動物保護施設に引き渡す人が増えている。彼らの ANSWER **4**
多くは経済的理由でペットを捨てるのだ。

解説 ペットを手放すのだから、**4** abandon「捨てる」が文意に合う。
1 select「選ぶ」 **2** reveal「暴露する、明らかにする」 **3** admit「認める」。
いずれも文意に合わない。

(18) **A**: Mary, I think you should go jogging every morning.

B: Sam, you are (   ) that I need to lose weight, aren't you?

1 predicting   **2** implying

3 rejecting   **4** gesturing

(19) Leonardo da Vinci might have been a brilliant and talented artist, but many of his great (   ) were not actually works of art, but were the designs for machines that were way ahead of his time.

1 limitations   **2** estimates

3 territories   **4** achievements

(20) Hazel used to live in Phoenix years ago. Most of her (   ) still live there.

1 relatives   **2** renovations

3 ingredients   **4** institutions

(21) Through (   ), the rugby coach has forged self-control, a fellowship and spirit of fair play in his team.

1 discipline   **2** ignorance

3 property   **4** currency

(22) Brian was born and (   ) in China, so he can speak Mandarin fluently.

1 taken up   **2** brought up

3 stood out   **4** broken out

(23) Richard's new boss asks him to work overtime almost every day, and Richard is having trouble (   ) the stress.

1 relying on   **2** reaching to

3 coping with   **4** saving up

(18) 〔訳〕A：メアリー、君は毎朝ジョギングするといいと思う。
　　　　　　B：サム、私に減量する必要があると言いたいのね？

〔解説〕直接的な「減量しなさい」でない「毎朝走ったら」から、**2** implying「ほのめかしている」が文意に合う。**1** predicting「予言している」　**3** rejecting「拒否している」　**4** gesturing「動きで示している」で、いずれも文意に合わない。

(19) 〔訳〕レオナルド・ダ・ヴィンチは素晴らしく才能のある芸術家
　　　　　だったろうが、彼の偉大な業績の多くは実は芸術作品ではなく、時代を大きく先取りした機械のデザインだった。

〔解説〕**1** limitations「限界」　**2** estimates「見積もり」　**3** territories「領域」　**4** achievements「業績」が各々の意味。文意に合うのは **4**。

(20) 〔訳〕ヘイゼルは何年も前にフェニックスに住んでいた。彼女の
　　　　　親戚のほとんどはまだそこに住んでいる。

〔解説〕**1** relatives「親戚」　**2** renovations「修理、刷新」　**3** ingredients「材料」　**4** institutions「制度」のうち文意に合うのは、**1**。

(21) 〔訳〕訓練を通して、そのラグビーコーチはチームに自制心、仲間意識、フェアプレイ精神を築き上げた。

〔解説〕**1** discipline「訓練」　**2** ignorance「無知」　**3** property「財産」　**4** currency「通貨」のうち文意に合うのは **1**。

(22) 〔訳〕ブライアンは中国で生まれ育ったので、中国語を流暢に話せる。

〔解説〕生まれて、から **2** was brought up「育てられた」が文意に合う。**1** was taken up「持ち上げられた」　**3** was stood out「目立った」　**4** was broken out「取り出された」で、いずれもそれによって言葉をしゃべるようになることはない。

(23) 〔訳〕リチャードの新しい上司は彼にほとんど毎日、残業するよう求めるので、リチャードはストレス対処に苦しんでいる。

〔解説〕毎日の残業というストレスに続くのは **3** coping with ～「～に対処する」が文意に合う。**1** relying on ～「～に依存する」　**2** reaching to ～「～を取ろうとする」　**4** saving up「貯蓄する」で、いずれも文意に合わない。

第1章　語彙の問題　B

(24) Clare runs a Japanese restaurant and her brother, David, is (   ) the food. David serves up home-style cooking he learned while working in Kyoto.

1 in need of　　　　　　　　**2** aware of

3 short of　　　　　　　　　**4** in charge of

(25) There's construction going on next door at work. I can't get my work done because I've been (   ) by it for the last three days.

1 interrupted　　　　　　　**2** treasured

3 persuaded　　　　　　　　**4** examined

(26) Andrea is a really (   ) person, so she makes her bed as soon as she gets up every morning.

1 neat　　　　　　　　　　　**2** nutritious

3 vague　　　　　　　　　　　**4** temporary

(27) **A**: Paul, I'll be at the airport at about 2:30.

B: I wish I could pick you up, but I'll be in a meeting all afternoon. That'll (   ) with your arrival.

1 emphasize　　　　　　　　**2** identify

3 overlap　　　　　　　　　　**4** organize

(28) I was (   ) when I went to a party last night. I didn't say a word to anyone because everyone spoke French there.

1 at a loss　　　　　　　　　**2** within reach

3 on average　　　　　　　　**4** in a row

(29) **A**: When do I have to (   ) in my term paper?

B: The deadline is next Friday.

1 keep　　　　　　　　　　　**2** hand

3 check　　　　　　　　　　　**4** call

(24) （訳）クレアは日本食レストランを経営していて、彼女の弟デイビッドが料理の担当だ。デイビッドは京都で働いていた時に覚えた家庭料理を出している。

 ANSWER 4

（解説）**1** in need of 〜「〜を必要として」 **2** aware of 〜「〜を認識して」 **3** short of 〜「〜が不足して」 **4** in charge of 〜「〜を担当して」のうち文意に合うのは **4**。

(25) （訳）職場の隣が建設作業中だ。この3日間それに邪魔されて仕事を終えることができない。

 ANSWER 1

（解説）**1** interrupted「邪魔されて」 **2** treasured「大切にされて」 **3** persuaded「説得されて」 **4** examined「試されて、調べられて」。文意に合うのは **1**。

(26) （訳）アンドレアはとてもきっちりした人なので、毎朝起きるとすぐにベッドを整える。

 ANSWER 1

（解説）毎朝ベッドを整える人はどんな人か？ **1** neat「きっちりした」 **2** nutritious「栄養になる」 **3** vague「あいまいな」 **4** temporary「一時的な」。正解は **1**。

(27) （訳）Ａ：ポール、2時半ごろ空港に着くよ。
Ｂ：迎えに行けたらと思うけど、午後はずっと会議なんだ。君の到着と重なるね。

 ANSWER 3

（解説）**1** emphasize「強調する」 **2** identify「特定する」 **3** overlap「重なる」 **4** organize「組織する」。文意に合うのは **3**。

(28) （訳）昨夜パーティーに行ったときは途方に暮れた。そこでは全員フランス語を話していたので、誰とも一言も口をきけなかったのだ。

 ANSWER 1

（解説）困った状況だから、「途方に暮れる」という意味の **1** at a loss が正解。**2** within reach「すぐ近くに」 **3** on average「平均して、典型的に」 **4** in a row「続けて」で、いずれも文意に合わない。

(29) （訳）Ａ：いつ学期末論文を提出しなければなりませんか？
Ｂ：締め切りは来週の金曜日です。

 ANSWER 2

（解説）hand in 〜で「〜を提出する」という意味の熟語。**1** keep in 〜「〜をとどめ置く」 **3** check in 〜「(荷物) を預ける」 **4** call in 〜「〜を回収する」では文意に合わない。

(30) Taro took an impressive photograph showing the (　　) of Mt. Fuji in the lake.

1 reflection 　　　　　　 **2** inspiration
3 extinction 　　　　　　 **4** distinction

(31) Ted enjoys working as a staff member of this library, but the (　　) are very low. That is why he is now studying to be a curator of the library.

1 fines 　　　　　　 **2** receipts
3 wages 　　　　　　 **4** taxes

(32) The movie star's replies to the reporters' questions were so (　　) that most audience was not sure what he wanted to say.

1 vague 　　　　　　 **2** capable
3 faithful 　　　　　　 **4** stable

(33) **A**: Melanie, are you ready to order? I'm really starving.
B: Well, can you (　　) a minute? I can't decide what to order.

1 spread out 　　　　　　 **2** lie down
3 hang on 　　　　　　 **4** fold up

(34) It took a long time for James to (　　) his lost love.

1 pull off 　　　　　　 **2** tend to
3 carry on 　　　　　　 **4** get over

(35) To borrow a book, just take it to the curator together with your student card. You may borrow 6 items (books, DVDs, CDs) (　　) there.

1 in comparison 　　　　　　 **2** in a sense
3 at a time 　　　　　　 **4** last of all

(30) 訳 タロウは湖に映った富士山の印象的な写真を撮った。

ANSWER 1

解説 湖面に現れた姿ということで **1** reflection「反映」が文意に合う。**2** inspiration「霊感」 **3** extinction「絶滅」 **4** distinction「区別」で、いずれも文意に合わない。

(31) 訳 テッドはこの図書館のスタッフとして働くのを楽しんでいるが、賃金はたいへん低い。だから図書館の館長になるため今、勉強している。

ANSWER 3

解説 仕事は楽しいが、…が低い、に当てはまるのは **3** wages「賃金」。**1** fines「罰金」 **2** receipts 「領収証」 **4** taxes「税金」で、いずれも文意に合わない。

(32) 訳 記者の質問に対するその映画スターの答えは非常にあいまいだったので、ほとんどの視聴者は彼が何を言いたいのかはっきりわからなかった。

ANSWER 1

解説 はっきりしない答えだから **1** vague「あいまいな」が正解。**2** capable「能力のある」 **3** faithful「誠実な」 **4** stable「安定した」で、いずれも文意に合わない。

(33) 訳 A：メラニー、注文は決まった？ 私、ほんとうにおなかがぺこぺこなの。

ANSWER 3

B：ええと、ちょっと待ってくれる？ 何を注文するか決められないの。

解説 「ちょっと待つ」の意味がある **3** hang on が正解。**1** spread out「広がる」 **2** lie down「横たわる」 **4** fold up「折り重ねる」で、いずれも文意に合わない。

(34) 訳 ジェームズが失恋を克服するには長い時間がかかった。

ANSWER 4

解説 「失恋の痛手から立ち直る」ということで **4** get over ～「～を克服する」が正解。**1** pull off ～「～をもぎ取る」 **3** carry on ～「～を続ける」で、いずれも文意に合わない。**2** tend to は後に動詞の原形が来て「～しがちである」の意味になる。

(35) 訳 本を借りるには、その本を学生カードと一緒に司書のところまで持っていけばよい。一度に6品（書籍、DVD、CD）まで借りてよい。

ANSWER 3

解説 at a time「一度に」の **3** が正解。**1** in comparison「比較して」 **2** in a sense「ある意味で」 **4** last of all「最後に」で、いずれも文意に合わない。

(36) **A**: I hope you'll recover from your injury by Friday and can play in the game.

B: Don't worry. A sprain like this should heal within a few days. I'll never ( ) the team in the next game.

1 shut off   **2** take over

3 let down   **4** break into

(37) When it ( ) renting a house, getting the advice of a good realtor is very useful.

1 comes to   **2** turns on

3 brings with   **4** takes after

(38) **A**: How did you like the movie, Joe?

B: Well, the first half was a bit boring, but the ( ) half of the movie got really thrilling.

1 instant   **2** latter

3 noticeable   **4** dramatic

(39) During the turbulence, the up-and-down ( ) of the plane made Harry feel sick.

1 location   **2** motion

3 simplicity   **4** balance

(40) Many people are not ( ) of the fact that they kill thousands of small insects when driving on an expressway.

1 capable   **2** deserving

3 fond   **4** aware

(36) 【訳】A：君のけがが金曜日までによくなって試合に出られること
を望むよ。
B：心配するな。こんな捻挫は2、3日で治るはずだ。次の試合で
チームをがっかりさせることは絶対にしないよ。

【解説】「チームを…ことはしない」から **3** let down 〜「〜をがっかりさせる」が
正解。**1** shut off 〜「〜を止める」　**2** take over 〜「〜を継承する」　**4** break
into 〜「〜に侵入する」で、いずれも文意に合わない。

(37) 【訳】家を借りるとなると、よい不動産屋からアドバイスを得る
のがたいへん役立つ。

【解説】When it comes to 〜で「〜ということになると」の意味の熟語。ほか
の選択肢では意味をなさない。

(38) 【訳】A：映画はどうでしたか、ジョー？
B：ええ、前半はちょっと退屈だったけど、後半はほんとう
にスリル満点でした。

【解説】the first half「前半」の対比なので **2** latter「後の」が正解。**1** instant
「即座の」　**3** noticeable「顕著な」　**4** dramatic「劇的な」で、いずれも「前
半」の対比にならない。

(39) 【訳】乱気流の間、飛行機が上下に動いたので、ハリーは気分が
悪くなった。

【解説】乱気流による上下の…に続くので **2** motion「動き」が正解。**1** location
「場所」　**3** simplicity「単純さ」は不適。**4** balance（飛行機の）上下の「均
衡」は意味をなさない。

(40) 【訳】高速道路走行中、無数の虫を殺しているという事実に多く
の人が気づいていない。

【解説】**4** be aware of 〜で「〜に気づく、〜を自覚する」が正解。**1** be capable
of 〜「〜の能力がある」　**2** be deserving of 〜「〜に値する」　**3** be fond of
〜「〜を好む」では不適切。

(41) I introduced myself to her but she said (   ) her name. I think she was angry.

1 all that **2** except for

3 nothing but **4** all but

(42) As your (   ) is poor, you may fail this course unless you get an exceptionally good grade in the final exam.

1 attention **2** attraction

3 attainment **4** attendance

(43) **A**: What does MBA (   ) for?

B: Master of Business Administration.

1 account **2** stand

3 charge **4** mean

(44) The teacher told us that the first student to work (   ) the math problem would be awarded.

1 in **2** out

3 against **4** as

(45) A big demographic change implies that so-called (   ) will soon be in the majority in the U.S.

1 sources **2** minorities

3 harvests **4** connections

(46) **A**: It seems a long way to go.

B: Yeah, how far have we come (   )?

1 by far **2** so far

3 so long **4** for long

(41) （訳）私は彼女に自己紹介したが、彼女は自分の名前しか言わなかった。彼女は怒っていたのだと思う。

ANSWER 3

（解説）**3** nothing but ～「～だけ（＝ only）」が文意に合う。**1** all that「それほど」 **2** except for ～「～を除いて」と **4** all but ～「～のほかはすべて」は「彼女の名前を除いて言った」の意で、名前以外のことを全部話したことになるので不適。

(42) （訳）君は出席日数が足りないので、学年末試験で特によい成績をとらなければこの科目を落第するかもよ。

ANSWER 4

（解説）何が足りないから試験でカバーしなければ、となるのか。**4** attendance「出席日数」が正解。**1** attention「注意」 **2** attraction「魅力」 **3** attainment「達成」は、授業と試験の対比から文意に合わない。

(43) （訳）A：MBA は何を表すの？
　　　 B：経営学修士だよ。

ANSWER 2

（解説）stand for ～「～を表す」の意味。MBA と Master of Business Administration（経営学修士）の関係を表すのは **2**。

(44) （訳）先生は我々に、その数学の問題を最初に解いた生徒には何か与えられる、と言った。

ANSWER 2

（解説）**2** work out「（問題、なぞ）を苦労して解く（＝ solve）」が正解。math は「mathematics」の略で「数学」。

(45) （訳）大規模な人口動態の変化により、アメリカでは、いわゆる少数派がまもなく多数派に入ることを示唆している。

ANSWER 2

（解説）「人口動態の大変化で逆転して」というわけで **2** minorities「少数派」が文意に合う。**1** sources「源泉」 **3** harvests「収穫」 **4** connections「縁故」で、いずれも多数派に入るものではない。

(46) （訳）A：まだ長い道のりがありそうだ。
　　　 B：そうだね、今まででどのくらい来たのだろう？

ANSWER 2

（解説）**2** so far「これまでのところ」が文意に合う。**1** by far は強調の意の「たいへん、とても」 **3** so long「それでは」で別れの挨拶。**4** for long「長時間」。いずれも文意に合わない。

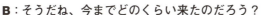

45

(47) We got to the place where we were supposed to meet the guide much earlier. So we decided to (   ) time shopping and taking pictures.

1 spend   **2** take

3 kill   **4** give

(48) **A**: Are you planning to travel all around the world? I'm sure you'll need lots of money.

B: That's why I put (   ) $500 a month.

1 about   **2** across

3 aside   **4** up

(49) My wife hates to go shopping with me, because I always spend too much time (   ) my clothes.

1 pulling out   **2** taking out

3 holding up   **4** picking out

(50) **A**: Why is he suddenly starting to speak French?

B: I guess he's just showing (   ).

1 on   **2** out

3 off   **4** well

(51) This region has the (   ) for producing the finest olive oil in the world.

1 rumor   **2** vacation

3 reputation   **4** explanation

(52) Minoru is planning to go (   ) between Japan and foreign countries as a trading company employee.

1 left and right   **2** side to side

3 front to back   **4** back and forth

(47) **訳** 私たちはガイドと落ち合うことになっていた所にだいぶ早めに着いた。それで買い物をしたり写真を撮ったりして時間をつぶすことにした。

ANSWER **3**

解説 **3** kill は、kill time で「時間をつぶす」の意味の熟語になる。急にできた時間だから「時間つぶし」をしなければ、というわけで、文意に合うのはこれだけ。

(48) **訳** A：世界一周旅行の計画を立てているのですか？　きっとたくさんのお金が必要でしょうね。

B：だから月に500ドルずつ貯めているんです。

ANSWER **3**

解説 「～を使わずにとっておいて貯める」の意の **3** put aside が正解。**1** put about ～「～を広める」　**2** put across ～「～をみごとに行う」　**4** put up ～「～を掲げる」。

(49) **訳** 私はいつも自分の服を選ぶのに多大な時間をかけるので、妻は私と買い物に行くのを嫌う。

ANSWER **4**

解説 **4** picking out ～「～を選び出す」が文意に合う。**1** pulling out ～「～を引っ張り出す」　**2** taking out ～「～を取り出す」　**3** holding up ～「～を持ち上げる」で、いずれも服について「多大な時間をかける」行為ではないので、不適。

(50) **訳** A：なぜ彼は急にフランス語を話し始めたのですか？

B：単にひけらかしているだけだと思います。

ANSWER **3**

解説 show off で「見せびらかす、ひけらかす」の意で、**3** off が正解。

(51) **訳** この地域は世界で最高のオリーブオイルを産出するという評判だ。

ANSWER **3**

解説 have the reputation for ～で「～という評判だ、名声を持つ」の意で、**3** reputation が正解。**1** rumor「うわさ」は肯定的な名声とはならない。**2** vacation「休暇」　**4** explanation「説明」。

(52) **訳** ミノルは商社マンとして日本と外国を行き来する計画を立てている。

ANSWER **4**

解説 **4** back and forth は「行ったり来たり」の意味を持つ熟語で文意に合う。**1** left and right、**2** side to side はいずれも「左右に」という意味。**3** front to back「前から後ろへ」。いずれも文意に合わない。

(53) Jenny is a very reliable person, so you can always (   ) on her.
- **1** spend
- **2** base
- **3** count
- **4** carry

(54) These two ancient buildings have a number of similarities. Are there any connections between them, or is it just a (   )?
- **1** content
- **2** consistency
- **3** consideration
- **4** coincidence

(55) At the interview, Paul tried to (   ) more flexible working hours, but the company refused to change its human resources policies.
- **1** subscribe
- **2** negotiate
- **3** contribute
- **4** delete

(56) Pete woke up screaming and ran out of his room. He was surely scared by a (   ).
- **1** vacancy
- **2** nightmare
- **3** qualification
- **4** guarantee

(57) My parents have been very supportive to me. But I have to learn how to be (   ) them from now on.
- **1** honest with
- **2** familiar with
- **3** independent of
- **4** typical of

(58) The waitress at the restaurant was so (   ) to Harry last night that he decided not to go to the restaurant again.
- **1** ideal
- **2** curious
- **3** rude
- **4** exact

(53) 　**訳** ジェニーはたいへん頼りになる人だから、いつも彼女を当 **ANSWER 3**
　　　 てにできる。

　解説 **3** count on 〜「〜を当てにする」が文意に合う。**1** spend on 〜「〜に費やす」　**2** base on 〜「〜に基づく」　**4** carry on 〜「〜を続ける」で、いずれも文意に合わない。

(54) 　**訳** この二つの古代建築物には多くの類似点がある。この二つ **ANSWER 4**
　　　 には何らかの関係があるのだろうか、それとも単なる偶然
　　　 だろうか。

　解説 **4** coincidence「偶然」が文意に合う。**1** content「中身」　**2** consistency「密度」　**3** consideration「考慮」。いずれも文意に合わない。ancient「古代の」a number of「数多くの」　similarity「類似点」。

(55) 　**訳** ポールは面接で就業時間をもっと柔軟にするよう交渉しよ **ANSWER 2**
　　　 うとしたが、会社は人事制度の変更を拒否した。

　解説 会社側としようとしたが拒否された、ということで **2** negotiate「交渉する」が文意に合う。**1** subscribe「署名する」　**3** contribute「貢献する」**4** delete「削除する」で、いずれも文意に合わない。

(56) 　**訳** ピートは金切り声を上げて目を覚まし、部屋から飛び出し **ANSWER 2**
　　　 た。きっと悪夢におびえたのだ。

　解説 金切り声を上げて目覚めるほどおびえたものとして **2** nightmare「悪夢」が正解。**1** vacancy「空室」　**3** qualification「資格」　**4** guarantee「保証」で、いずれも文意と合わない。

(57) 　**訳** 私の両親は、これまでたいへん私の支えになってくれた。 **ANSWER 3**
　　　 だが私は、これからはどのようにして両親から独立するか
　　　 を学ばなければならない。

　解説 **3** independent of 〜「〜独立して」が正解。**1** honest with 〜「〜に正直」**2** familiar with 〜「〜に慣れ親しむ」　**4** typical of 〜「〜の典型」。いずれも不適。

(58) 　**訳** そのレストランのウエートレスはゆうべハリーに非常に無 **ANSWER 3**
　　　 礼だったので、ハリーはそこには二度と行かないと決めた。

　解説 二度と行かないと決めたのだから **3** rude「無礼な」が正解。**1** ideal「理想的な」ならまた行きたいとなり、**2** curious「好奇心の強い」　**4** exact「正確な」では意味をなさない。

次の (　　) に入れるのに最も適切なものを **1**、**2**、**3**、**4** の中から一つ選びなさい。

(1) All the games of the World Cup are (　　) live so that people can watch them at the same time as they go.

    1 broadcast   **2** overcome

    3 listed   **4** represented

(2) **A**: How is the local charity going? Is everybody generous?

    B: I'm asking my friends and family for (　　). How about you?

    1 explanations   **2** imitations

    3 donations   **4** reservations

(3) **A**: Naomi, were you able to get a job at the Japanese school?

    B: No, it looks like someone else was (　　).

    1 settled   **2** hired

    3 retired   **4** rented

(4) The river always reminds Jimmy (　　) his childhood, when he went there to fish every weekend.

    1 upon   **2** from

    3 of   **4** through

(5) Tom and Liz went to the mountain at daybreak on New Year's Day. Neither of them felt like talking, so they just sat (　　) and watched the first sunrise of the year together.

    1 believably   **2** silently

    3 additionally   **4** cruelly

解答・解説

(1) 訳 ワールドカップの全試合は生放送されるので、人々は試合 ANSWER **1**
をその時間に見られる。

解説 live「ライブで」を伴い、試合をその時間に見られることを表すのは、are に続いて受身形になる **1** broadcast「放送される（この場合の broadcast は過去分詞形）」。**2** overcome「克服される」**3** listed「掲載される」**4** represented「代表される」で、いずれも文意に合わない。

(2) 訳 Ａ：地元の慈善活動はどうですか？　みんな、気前がいいかな？ ANSWER **3**
　　Ｂ：友だちと家族に寄付を頼んでいます。あなたはどうですか？

解説 慈善事業に求められるのは？　**3** donations「寄付」が文意に合う。**1** explanations「説明」　**2** imitations「模倣」　**4** reservations「予約」は、いずれも文意に合わない。

(3) 訳 Ａ：ナオミ、日本語学校に就職できましたか？ ANSWER **2**
　　Ｂ：いいえ、誰かほかの人が雇われたみたい。

解説 　答えは No だから、誰かほかの人が **2** hired「雇われた」が文意に合う。**1** settled「落ち着いた」　**3** retired「引退した」　**4** rented「賃貸した」で、いずれも文意に合わない。

(4) 訳 その川はいつもジミーに、毎週末そこに釣りに行った子ど ANSWER **3**
も時代を思い出させる。

解説 remind A of B で「AにBについて思い出させる」という意味の熟語。したがって、**3** が正解。ほかは意味をなさない。

(5) 訳 トムとリズは元日の夜明けに山に行った。二人とも話す気 ANSWER **2**
分ではなかったので、ただ黙ってすわり、今年の初日の出
を一緒に見た。

解説 二人とも話す気分ではなかったのだから **2** silently「黙って」が文意に合う。**1** believably「信じられる方法で」**3** additionally「そのうえ」**4** cruelly「残酷に」で、いずれも文意に合わない。

(6) **A**: Kate, do you think I could get business-class seats for my business trip to China?

B: You know our company is cutting back on the cost. I don't think it's ( ) spending the extra money.

1 direct   **2** single

3 familiar   **4** worth

(7) When you write an academic paper, keep your sentences as simple as possible and make your explanation to the ( ).

1 full   **2** extent

3 point   **4** limit

(8) **A**: How would you like to express your ( ) of life?

B: That's a difficult question, but my motto is 'Never give up.'

1 experiment   **2** philosophy

3 discrimination   **4** conference

(9) Stan is a centenarian, but he is still young ( ). He goes to the movie theater and eats out once a month.

1 at heart   **2** in time

3 at once   **4** in line

(10) **A**: I suppose you can't speak French at all.

B: ( ), I can. I studied French as the second foreign language in college.

1 On the other hand   **2** As a matter of fact

3 As you know   **4** In my opinion

(6) **訳** A：ケイト、中国への出張にビジネスクラスの座席を取って いいと思いますか？

ANSWER **4**

　　B：私たちの会社が経費を削減しているのは知っているでしょ。余分 なお金を遣う価値はないと思うわ。

解説 経費削減中の「余分な出費」が却下される理由は「…とは思えない」 ためである。**4** worth「価値がある」が正解。**1** direct「直接の」　**2** single 「単一の」　**3** familiar「なじみのある」で、いずれも文意に合わない。

(7) **訳** 学術論文を書くときには、文章をできるだけ簡潔にし、説 明を要領よくしなければならない。

ANSWER **3**

解説 **3** to the point「要領を得た」が正解。**1** to the full「十分に、心ゆくま で」　**2** to the extent「その程度まで」　**4** to the limit「限界まで」で、いずれ も文意に合わない。

(8) **訳** A：あなたの人生哲学をどう表現したいですか？

ANSWER **2**

　　B：難しい質問ですが、私のモットーは「決してあきらめな い」です。

解説 人生の「モットー」で言い表せるのは **2**　philosophy「哲学」が適切。 **1** experiment「実験」　**3** discrimination「差別」　**4** conference「会議」で、 いずれも意味をなさない。

(9) **訳** スタンは100歳になるが、まだ気は若い。月に一度は映画 館に行き、外食する。

ANSWER **1**

解説 年はいっても若いのは何かを考える。**1** at heart「気持ちは」が文意に 合う。**2** in time「間に合って」　**3** at once「一度に」　**4** in line「行列して」 で、いずれも文意に合わない。

(10) **訳** A：君はフランス語がちっとも話せないと思うのだけど。

ANSWER **2**

　　B：実際のところ、話せるのです。大学で第二外国語として フランス語を勉強しましたから。

解説 **2** As a matter of fact「実は…」が正解。**1** On the other hand「他方で」 **3** As you know「ご存じのとおり」　**4** In my opinion「私の意見では」はいずれ も文意に合わない。

(11) Henry will serve as a pinch-hitter in the ninth inning of the game because manager Bill is now showing considerable (   ) in his batting.

1 wonder

2 balance

3 curiosity

4 confidence

(12) Generally, venture capital investments are high risk investments but they offer the (   ) for above average returns.

1 potency

2 potential

3 possessive

4 personality

(13) The (   ) to this physics problem is on page 96, but don't see it until you have tried to find the answer for yourself.

1 objection

2 edition

3 solution

4 relation

(14) Sandy found the attraction in the new theme park (   ), so that as soon as it was over, he decided to stand in line to wait turn to ride it again.

1 serious

2 thrilling

3 fragile

4 mature

(15) **A**: Gina, you'll never believe who I ran into today. Florence Ford, our old teacher.

B: How's she doing? I haven't seen her for (   ).

1 good

2 miles

3 long

4 ages

(11) 〔訳〕 ヘンリーはこの試合の9回に代打で出るだろう、なぜなら今、ビル監督は彼の打撃をかなり信頼している様子だからだ。 ANSWER 4

〔解説〕 **1** wonder「驚異」 **2** balance「均衡」 **3** curiosity「好奇心」 **4** confidence「信頼」のうち文意に合うのは、**4**。

(12) 〔訳〕 ベンチャーキャピタルの投資は、概してリスクの高い投資だが、平均的収益を超える可能性を提示する。 ANSWER 2

〔解説〕 空所は定冠詞 the と前置詞 for の間にあるので、入るのは名詞。したがって、形容詞 **3** は除外。**1** potency「潜在力」 **2** potential「可能性」 **4** personality「個性」のうち、文意に合うのは high risk「損をする可能性が高い」と対比になるものなので、**2**。

(13) 〔訳〕 この物理の問題の答えは 96 ページにありますが、自分で答えを見つけようと努力した後でなければ見てはいけません。 ANSWER 3

〔解説〕 問題の答え＝「解決」であり **3** solution が正解。**1** objection「反対」 **2** edition「編集」 **4** relation「関係」で、いずれも「答え」にならない。

(14) 〔訳〕 サンディーは新しいテーマパークのアトラクションがスリル満点だと思ったので、終わるとすぐにまた順番待ちの行列に並ぼうと決めた。 ANSWER 2

〔解説〕 テーマパークでアトラクションにもう一度となると **2** thrilling「スリル満点」が正解。**1** serious「まじめな」 **3** fragile「もろい」 **4** mature「成熟した」。いずれも文意に合わない。

(15) 〔訳〕 A：ジーナ、今日、誰と出くわしたか、きっと信じられないよ。私たちの懐かしい先生、フローレンス・フォードだよ。
B：彼女、どうしているの？ 何年も会ってないわ。 ANSWER 4

〔解説〕 for に続いた **4** for ages「何年も」が文意に合う。**1** for good だと「永遠に」の、**2** for miles では「何マイルも」の意味になり文意に合わない。**3** long「長い」は形容詞で前置詞 for に単独では続かない。

(16) **A**: I'm sorry I had to leave the meeting early yesterday. What was the
(　) of the discussion on Jack's promotion?

B: We decided not to promote him on this occasion.

1 penalty　　　　　　　　　　**2** definition

3 outcome　　　　　　　　　　**4** confidence

(17) Bob decided to send a small box of children's clothes to the nursing
home yesterday. He (　) the package with adhesive tape and took it to
the post office.

1 praised　　　　　　　　　　**2** greeted

3 roasted　　　　　　　　　　**4** sealed

(18) In 1960s, the river in this city was badly (　), but today it's clean
enough to boat and fish.

1 starved　　　　　　　　　　**2** polluted

3 generated　　　　　　　　　**4** scolded

(19) **A**: We're ready to leave for the airport. Let's go, Dad.

B: Sure. Then (　) the luggage into the trunk. From here to Hawaii
is only a step.

1 publish　　　　　　　　　　**2** load

3 scratch　　　　　　　　　　**4** freeze

(20) Jack was very nervous about his first day working as a bell boy because
he had no (　) experience working in a hotel.

1 scared　　　　　　　　　　**2** negative

3 previous　　　　　　　　　**4** separate

56

(16) **訳** A：昨日は会議を早退しなければならず、申し訳ありません
でした。ジャックの昇進に関する議論の結果はどうなり
ましたか？

B：今回は昇進させないことに決めました。

解説 議論、から 3 outcome「結果」が文意に合う。1 penalty「罰」　2 definition
「定義」　4 confidence「自信」で、いずれも文意に合わない。

(17) **訳** ボブは昨日、子ども服を入れた小さな箱を養護施設に送ろ
うと決めた。彼は粘着テープで荷物に封をし、郵便局に
持っていった。

解説 荷物にテープで 4 sealed「封をした」が文意に合う。1 praised「ほめた」
2 greeted「歓迎した」　3 roasted「炙った」で、いずれも文意に合わない。

(18) **訳** 1960 年代、この市の川はひどく汚染されていたが、今日で
は舟遊びや釣りができるほどきれいだ。

解説 河川の状態なので 2 polluted「汚染されていた」が文意に合う。
1 starved「飢えていた」　3 generated「生み出された」　4 scolded「叱られ
た」は、いずれも文意に合わない。

(19) **訳** A：空港に出発する準備はできたよ。さあ行こう、お父さん。
B：よし。じゃあトランクに荷物を積んで。ここからハワイ
まではすぐだよ。

解説 トランクに荷物を、から 2 load「積み込む」が文意に合う。1 publish「出版
する」　3 scratch「ひっかく」　4 freeze「凍らす」で、いずれも文意に合わない。

(20) **訳** ジャックはホテルで以前、働いた経験がなかったので、はじめて ANSWER 3
ベルボーイとして働く日のことを心配したいへん緊張していた。

解説 過去の経験の有無なので、3 previous「以前の」が文意に合う。1 scared
「おびえた」　2 negative「否定的な」　4 separate「分割した」。いずれも文意
に合わない。

次の（　　）に入れるのに最も適切なものを **1**、**2**、**3**、**4** の中から一つ選びなさい。

(1) The teacher demanded that all assignments (　　) handed in on time.
   1 are　　　　　　　　　　**2** will be
   3 be　　　　　　　　　　**4** to be

(2) During the years of the bubble economy, Japan's GNP increased (　　) approximately 4.5% each year.
   1 at　　　　　　　　　　**2** by
   3 for　　　　　　　　　　**4** in

(3) **A**: What time will the train come?
   B: Sorry to keep you (　　) but there was an accident and I'm not sure when everything will be back in order.
   1 to be waiting　　　　　**2** waited
   3 waiting　　　　　　　　**4** have waited

(4) **A**: Joanna, are you going to stay home for the whole weekend?
   B: Yeah, I have (　　) to do.
   1 nothing other　　　　　**2** nothing otherwise
   3 nothing else　　　　　　**4** else nothing

(5) I (　　) while I was shopping at the supermarket.
   1 had my car stolen　　　**2** was stolen my car
   3 had stolen my car　　　**4** made my car stolen

解答・解説

(1) **訳** 先生はすべての宿題を期限通りに提出するよう求めた。 **ANSWER 3**

解説 demand, insist, require, suggest, recommend, urge, advise, request,（要求の意味の）ask のような、要求の意味を持つ動詞に続く名詞節では、動詞は主語が何であれ原形を用いる。問題文は demand の後の名詞節の動詞が受動態になっている。assignment「宿題」 hand in「提出する」 on time「時間通りに」。

(2) **訳** バブル経済の間、日本の GNP は毎年約 4.5％ずつ増加した。 **ANSWER 2**

解説 増えたり減ったりする幅を表す前置詞は 2 by が正解。bubble economy「バブル景気、バブル経済」 GNP = gross national product「国民総生産」 approximately「おおよそ、約」。

(3) **訳** A：列車は何時に来るのですか？ **ANSWER 3**
　　　 B：お待たせして申し訳ありませんが、事故があり万事、元に戻るのがいつなのかはっきりしないのです。

解説 ずっと待たせ続けているので、keep A *do*ing「A に～させておく」の形が正解。in order「正常で」。

(4) **訳** A：ジョアンナ、週末はずっと家にいるつもりかい？ **ANSWER 3**
　　　 B：ええ、ほかにやることもありませんので。

解説 「そのほかに」の意味を表すとき、any-, every-, some-, no- で始まる語や -body, -one, -thing, -where で終わる語の後に使われる副詞は else である。本問の場合、nothing との組み合わせなので、nothing の後に else が使われている選択肢が正解。

(5) **訳** 私は、スーパーマーケットで買い物をしている間に車を盗まれた。 **ANSWER 1**

解説 「私が車を盗まれた」ので、1 had my car stolen が正解。2 だと I was stolen で「私そのものが盗まれた」と、3 だと I had stolen my car で「私が車を盗んだ」と、4 だと I made my car stolen「私が自分の車を盗ませた」となり、いずれも不正解。

(6) Everybody knows that a bat is (　　) a mouse is.

1 no bird more than   **2** no more a bird than
3 nothing more than a bird like   **4** a bird any more than

(7) **A**: We regret (　　) you that you have not been selected for the job.

B: Thank you for taking time. I hope you will keep me in mind for future opportunities.

1 to inform   **2** informed
3 have informed   **4** inform

(8) Red flag warnings were posted for wide areas of the western United States indicating extreme fire danger (　　) firefighters battled spreading wildfires.

1 as   **2** because
3 thereby   **4** due to

(9) **A**: How is Jackie's college life in California?

B: Well, I heard she's (　　) the school's drama club and that her performance makes her popular among the students.

1 in   **2** at
3 on   **4** by

(10) **A**: Hey, it's almost six. Aren't we going to wake your aunt up?

B: Don't worry. She's an early bird. She'll be up by the time we (　　) there.

1 will get   **2** are going to get
3 get   **4** will be getting

(6) 【訳】ネズミと同様に、コウモリも決して鳥ではないことは誰もが知っている。

ANSWER 2

【解説】no more A than B「B（がそうでないの）と同様 A ではない」。「コウモリが鳥ではない」ことを強調するため「ネズミが鳥ではないのと同様」を入れている。

(7) 【訳】A：残念ながらあなたがこの仕事に選ばれなかったことをお伝えします。

B：お時間いただき、ありがとうございます。今後機会がございましたら、ご連絡いただければと存じます。

ANSWER 1

【解説】文の主語が We で、動詞が regret だから、2 の過去形、3 の現在完了形、4 の現在形だと文の動詞が二つになり、不適。1 の不定詞のみが文の成立に適切。

(8) 【訳】消防士が、広がる山火事と闘っている間に、アメリカ西部の広い地域には火事の危険を最大限に示す警告の赤旗が掲げられた。

ANSWER 1

【解説】空所は「消防士が、広がる山火事と闘っている」という副詞節を導く接続詞。したがって、副詞の 3 thereby「それ故に」は除外。4 due to は、「〜が原因で」の意味の熟語。to は前置詞で、後には目的語の名詞が来なければならず、不適。2 because は理由を示す副詞節を導く接続詞。消防士の山火事との闘いは火事の拡大を防ぐ活動で、火事の危険が大きくなる理由ではない。この場合の as は、単純接続と呼ばれ、つなぐだけで因果関係は表さない。

(9) 【訳】A：カリフォルニアでのジャッキーの大学生活はどうですか？

B：ええ、学校の演劇部に所属していて、演技のおかげで学生の間で人気になっていると聞きました。

ANSWER 1

【解説】be in 〜で「〜に所属する」という意味になる。at だと単に場所を表し、クラブ活動の意味が出ない。on はサッカーチームのような team の所属に用いることがあるが、club には用いない。by は「そばに」の意で不適。

(10) 【訳】A：おい、もう 6 時だぜ。君のおばさんを起こさないの？

B：心配するな。彼女は早起きなんだ。我々が着くまでには起きてるだろうよ。

ANSWER 3

【解説】by the time 〜「〜の時までに」のような、時を示す接続詞（句）にはほかに when, as soon as などがあり、これらに続く節では、動詞の未来形は用いず現在形で未来の動作・状態を表す。したがって、現在形が正解。early bird は「早起き」。

(11) This book is quite expensive, but I think it's worth the price. It helped me (　) what biology is all about.

　　1 understanding　　　　　　**2** to have understood

　　3 understood　　　　　　　**4** to understand

(12) Twenty years ago, just before graduating from college, I gave a party with a few close friends. It was a small party, but it was the best party I (　) in my student life.

　　1 have ever had　　　　　　**2** had ever had

　　3 never had　　　　　　　　**4** would have

(13) (　) for your help, I could not have finished this work by the deadline.

　　1 Had it not been　　　　　　**2** Except

　　3 Were it not　　　　　　　　**4** As

(14) Sandra studied very hard to become a lawyer. (　) her effort, she could not succeed in the exam.

　　1 However　　　　　　　　　**2** Despite

　　3 Although　　　　　　　　　**4** Even

(15) If we (　) to put more staff on the project, would you be able to start production according to the existing schedule?

　　1 have　　　　　　　　　　　**2** are

　　3 was　　　　　　　　　　　　**4** were

(11) **［訳］** この本はかなり高いが、それだけの価値はあると思う。生 物学とはいったい何なのかを理解する助けになった。

ANSWER 4

［解説］ ⟨help ＋ O ＋(to)*do*⟩で「**O が〜するのに役立つ**」を表す。to を取った understand でも可だが、選択肢にない。worth 〜「**〜の価値がある**」 biology 「**生物学、生態学**」。

(12) **［訳］** 20年前、大学卒業直前、数人の親友とパーティーを開い た。ささやかなパーティーだったが、学生生活で体験した 最高のパーティーだった。

ANSWER 2

［解説］ 大学を卒業したのが20年前で、in my student life「学生生活の中で」 とは卒業以前の生活。すなわち空所は、20年前という過去よりもさらにさ かのぼる経験を表す。したがって、過去完了形が正解。graduate from 〜は 「**〜を卒業する**」。

(13) **［訳］** あなたの助けがなかったら、この仕事を締め切りまでに終 えられなかったでしょう。

ANSWER 1

［解説］ 帰結節の動詞が could not have finished と、⟨助動詞の過去形＋ have ＋ 過去分詞⟩の否定の形をとっているので、実際には「助けがあって仕事を 締め切りまでに終えられた」ことを表している。過去の事実に反すること を仮定し、「もしそうだったら（こうなっていた）」の意の、条件節の動詞 も過去完了形。文語調ではよく if が省略され、had が先頭に来る。deadline 「**締め切り**」。

(14) **［訳］** サンドラは弁護士になるために一生懸命に勉強した。彼女 の努力にもかかわらず試験に合格することはできなかった。

ANSWER 2

［解説］ 後に続くのが目的語となる名詞句 her effort だから、目的語をとる品詞 の前置詞である **2** despite が正解。**1** と **4** は副詞。**3** は接続詞で、後ろが名 詞だけだと文法的に成立しない。

(15) **［訳］** そのプロジェクトにもっと多くのスタッフを投入できたら、 現状のスケジュール通りに生産を開始できますか？

ANSWER 4

［解説］ 帰結節は疑問文で would you be able to start となっているが、動詞部分 は⟨助動詞 would ＋動詞の原形⟩。この場合、条件節の動詞は過去形で、条 件節の主語は we であることから、対応する動詞は **4** were だけ。

(16) The chairman (   ) all the proposals that were put before him.

1 vetoing **2** was vetoed

3 vetoed **4** veto

(17) I have never considered (   ) my job. I am very satisfied with my position.

1 quit **2** to quit

3 quitting **4** quitted

(18) **A**: I decided to dye my hair purple. What do you think, Ray?

B: Well, I think it (   ) well with your rosy cheeks.

1 were going **2** would be

3 would go **4** would have gone

(19) As I do every year, I will be meeting individually with all the staff members to review current working conditions and discuss any concerns you (   ) have about your job.

1 can **2** may

3 want **4** need

(16) **訳** 議長は、彼の前に提出されたすべての提案を拒否した。

ANSWER **3**

解説 選択肢はすべて veto「拒否する」が元。**1** vetoing では文の中心となる動詞がない。**2** was vetoed も入らない。veto は〈S[誰が]＋ veto ＋ O[何を]〉のパターンを取る。受動態にすると O was vetoed（by S）となる。The chairman は拒否するのであって、拒否されるのではない。**4** は三人称単数現在形の vetoes にすると入りそうだが、この文は were put before him でわかるように、過去のできごとを表している。よって、過去形が正解。

(17) **訳** 私は仕事をやめることを考えたことはない。今の職に大変満足している。

ANSWER **3**

解説 他動詞 consider の目的語になれるのは動名詞だから、正解は **3**。

(18) **訳** A：髪を紫色に染めることに決めたわ。レイ、どう思う？
　　 B：そうだね、君のバラ色の頬によく合うと思うよ。

ANSWER **3**

解説 髪を染めるのはこれからの話なので仮定法を用いた **3** would go が正解。**2** だと、well with とつながらない。go well with 〜「〜とよく合う」。

(19) **訳** 毎年行っているように、私はスタッフ全員と個人面談し、現在の労働条件を見直し、仕事で抱いているかもしれない不安について話し合います。

ANSWER **2**

解説 空所の前後を見ると、any concerns「不安」を先行詞とする目的格関係代名詞 that が省略された形で、主語 you の後に空所、次に動詞の原形 have がある。選択肢 **3** want、**4** need は後が不定詞なら、各々「〜したい」「〜する必要がある」の動詞句を形成できるが、後が動詞の原形では不適。空所には助動詞が入る。**1** can、**2** may が助動詞で、**1** は「〜できる」、**2** は「〜かもしれない」の意。問題文全体は、「毎年行っているように、スタッフ全員と個人面談し、現在の労働条件を見直し、仕事で（抱く）不安について話し合う」の意。「抱くことができる」「抱いているかもしれない」のどちらが文意に合うかで判断する。

(20) I witnessed a crime. I actually saw a white car (　　) the lady. So I reported the license plate number to the police.

1 to hit

2 hit

3 being hitting

4 being hit

(21) Hey, Jim, there is (　　) wants to talk to you on the phone.

1 someone who

2 those who

3 someone whom

4 what

(22) The transport company called and said they (　　) here by four o'clock to pick up our shipment.

1 will go

2 would be

3 were being

4 would have gone

(23) **A**: Mom, can I give you a hand?

B: Yes. Will you help me (　　) this TV set?

1 to have moved

2 moving

3 move

4 to moving

(24) He has decided to walk to the next station every morning. Regular exercise will make him (　　) better.

1 to feel

2 to have felt

3 having felt

4 feel

(20) 【訳】 私は犯罪を目撃しました。白い車があの女性をはねるのを実際に見ました。だから警察にナンバープレートを報告したのです。

ANSWER 2

【解説】 saw は知覚動詞 see の過去形。目的語 a white car の動作・状態は動詞の原形または現在分詞で表す。したがって、動詞の原形が正解。現在分詞 hitting も可だが、選択肢にない。**3** being hitting とは言わない。**4** being hit だと「はねられる」で、a white car が動作の主体ではなくなる。crime「犯罪」。

(21) 【訳】 おい、ジム、君と電話で話したがっている人がいるよ。

ANSWER 1

【解説】 空所に導かれる節の動詞に三単現の -s が付いて wants となっているので、主語は三人称単数とわかり、複数形の **2** those who が不適。当然、電話に出たがっているのは人なので、人を表す **1** か **3** が正解とわかる。空所に続くのは動詞 wants で、主語が入らなければならず、主格の関係代名詞を使った **1** someone who が正解。

(22) 【訳】 その運送会社は電話をかけてきて、4時までに荷物を取りにここに来ると言った。

ANSWER 2

【解説】「4時までに伺います」と電話してきたことを表す文。「〜します」という意思は、said に合わせ過去形で表すことになる。したがって、**2** would be が正解。

(23) 【訳】 A：母さん、手を貸そうか？
B：ええ。このテレビを動かすのを手伝ってくれる？

ANSWER 3

【解説】〈主語(A)＋ help ＋目的語(B)＋(to)*do*〉で「(A は)B が〜するのを手伝う」の意味になる。to は省略されることが多い。**1** to have moved、**4** to moving は〈to ＋動詞の原形〉の to move ではないので、不適。give a hand「手を貸す」。

(24) 【訳】 彼は毎朝次の駅まで歩いていくと決めた。規則的な運動で彼の体調はよくなるだろう。

ANSWER 4

【解説】「O を〜にする」という意味の〈使役動詞 make ＋ O ＋動詞の原形〉の構文。目的語 him が feel「感じる」の主体である。

次の（　　）に入れるのに最も適切なものを **1**、**2**、**3**、**4** の中から一つ選び
なさい。

---

(1) **A**: Would you mind giving me a ride to that restaurant?

B: You (　　) worry about that. I'm going in that direction anyway, so I can drop you off.

   1 needn't　　　　　　　　　　**2** can't

   3 won't　　　　　　　　　　　**4** wouldn't

---

(2) (　　) the International Food Court, Southgate Mall's newest attraction!

   1 To visit　　　　　　　　　　**2** Visit

   3 Visiting　　　　　　　　　　**4** Is visiting

---

(3) **A**: First come, first served? Can you tell me when to go there for lunch?

B: I suggest the diner (　　) before 11:30 or after 1:00 to beat our tremendous lunch crowd.

   1 arrives　　　　　　　　　　**2** to arrive

   3 arrive　　　　　　　　　　　**4** arrived

解答・解説

(1) 訳 A：そのレストランまで乗せていってくださる？
    B：心配することはありません。どのみちそちらの方角に行
    くので、降ろしてあげますよ。

解説 選択肢はいずれも助動詞の否定形で **1** needn't ～「～する必要はない」が文意に合う。ほかは **2**「心配できない」、**3**「気にすることはない」、**4**「心配しないでください」の意味になり、不適。need は助動詞としても使われることを覚えておこう。

(2) 訳 インターナショナルフードコート、サウスゲートモールの
    最新アトラクションにお越しください！

解説 選択肢はいずれも動詞 visit「訪問する」の変化形。**1** To visit は不定詞、**2** Visit は動詞の原形、**3** Visiting は現在分詞または動名詞、**4** Is visiting は現在進行形。空所の後は、「インターナショナルフードコート、サウスゲートモールの最新アトラクション」の意。the International Food Court が visit の目的語になっている。**2** なら命令文として文が成立するが、ほかの選択肢では文が成立しない。

(3) 訳 A：来た者順ですか？　昼食にはいつ行けばよいか教えてく
    れますか？
    B：昼食はたいへん混雑いたしますので、食事をとられる方は 11 時
    30 分より前か、午後 1 時以降にお着きになるようお勧めします。

解説 選択肢はすべて動詞 arrive「到着する」の変化形。**1** arrives は現在形、**2** to arrive は不定詞、**3** arrive は動詞の原形、**4** arrived は過去形。空所は I suggest に続く名詞節の動詞で、節の主語は the diner。suggest が現在形であることから時制の一致で、名詞節の動詞も現在形 **1** と考えると間違い。英文法の「suggest に続く名詞節では時制・人称にかかわらず動詞は原形を使用する」という規則を思い出すこと。

(4) ☑ (   ) discussing your working conditions, this is the time of year when I ask you to turn in the paperwork for your summer vacation.

    1 In addition to   **2** Moreover

    3 Additionally   **4** As long as

(5) ☑ John's salary was much larger than (   ) of Ted.

    1 this   **2** these

    3 which   **4** that

(6) ☑ I ate some raw oysters and got sick several years ago. I've never eaten oysters (   ).

    1 after   **2** since

    3 from   **4** to

(7) ☒ The topic for the regional meeting is a continuation of the discussion on alternative formats for local (   ) candidate forums.

    1 politely   **2** polite

    3 political   **4** politically

(8) ☒ If there are additional questions (   ) the tax code, we will answer them after the break.

    1 concerning   **2** concern

    3 to concern   **4** have concerns

(4) 【訳】 労働条件について話し合うことに加え、この時期は毎年、夏休みに関する書類を提出していただく時期にあたっています。

ANSWER 1

【解説】 選択肢の意味と品詞は、**1** In addition to ～「～に加えて」の意味の熟語で、～と併せて副詞句を形成する。**2** Moreover「さらに」の意味の副詞、**3** Additionally「さらに」の意味の副詞、**4** As long as ～「～している限り」の意味の熟語で、接続詞句。空所の後は discussing your working conditions「あなた方の労働条件について話し合うこと」の意の動名詞。**2**、**3** は副詞なので、動名詞の修飾はできない。空所の後が節ではないので、**4** も不適。to の後は動名詞で可。

(5) 【訳】 ジョンの給料はテッドの給料よりもはるかに高かった。

ANSWER 4

【解説】 各々の何か（この場合単数形の salary「給料」）を比較する場合に用いる代名詞は that で、正解は **4**。

(6) 【訳】 私は数年前、生ガキを食べて具合が悪くなった。それ以来カキを食べたことはない。

ANSWER 2

【解説】 現在完了形とともに用い、「それ以来ずっと」の意味を表す副詞は **2** since。

(7) 【訳】 地域会議の議題は、地方政治の候補者公開討論会の形式を変えることに関する議論の続きだ。

ANSWER 3

【解説】 空所は名詞句 candidate forums「候補者公開討論会」を修飾する形容詞。**1** politely、**4** politically は副詞。**2** polite は人や行為が「礼儀正しい」を示す形容詞なので、残る **3** political「政治の」が正解。

(8) 【訳】 税金の規約に関する追加質問があれば、休憩の後でお答えします。

ANSWER 1

【解説】 If 節の動詞は are。文の要素が重複することはないので、動詞の **2** concern、**4** have concerns は除外。**3** to concern を不定詞の形容詞的用法としても、「税金の規約に関すべき追加質問」となり、無理がある。**1** concerning は前置詞として「～に関する」の意味で questions を修飾する形容詞句を形成できる。

(9) The park ( ) to preserve the subtropical wilderness area, one of the few left in the country.

1 created   **2** recreation

3 was created   **4** was creating

(10) The consultant promised to help find real and ( ) solutions to the personnel and organizational problems.

1 last   **2** lasting

3 lately   **4** latter

(11) Stock market traders are concerned that the housing market will remain sluggish, ( ) the economy as a whole.

1 being slow   **2** slow down

3 to slow   **4** slowing

(12) The ad states ( ) a number of positions are available in both management and labor.

1 that   **2** which

3 for   **4** where

(13) The biotechnology industry has expanded at a ( ) rate over the past three years.

1 rapid   **2** rapidly

3 rapidity   **4** rapidness

(14) The chef ( ) won the competition had studied cooking in Paris and Rome.

1 who   **2** whose

3 whom   **4** which

(9) 【訳】その公園は、国にわずかに残る亜熱帯原野地域の一つを保存するために造られた。 ANSWER 3

【解説】空所には the park「公園」を主語とする動詞が入る。**2** recreation は名詞なので除外。残るは動詞 create の **1** 過去形、**3** 受身形、**4** 過去進行形。主語と動詞 create「造る」の関係から、「造る」対象（目的語）の the park「公園」を主語にした受動態の文と判断しよう。

(10) 【訳】そのコンサルタントは、人事と組織の問題に対する現実的で持続的な解決策を発見するのを手伝う、と約束した。 ANSWER 2

【解説】空所には real「現実的な」と並んで名詞 solutions「解決策」を修飾する形容詞が入る。形容詞は **1** last「最後の」と **2** lasting「持続的な、長持ちする」、**4** latter「後半の」。文意に合うものを選ぶ。

(11) 【訳】株式市場の仲買人は住宅市場が停滞し、経済全体を減速させていくことを懸念している。 ANSWER 4

【解説】選択肢はすべて slow の関係語。空所の後には the economy「経済」という名詞が続くので、目的語を取る語句が入ると考えられる。**1** slow は「遅い」という形容詞。being slow で「遅い」の意味にはなるが、名詞（目的語）は続かない。**2** slow down は「減速する」の意味だが、slow は動詞の原形で and がなければ remain と並行した動詞にはなれない。**3** to slow は不定詞で「減速するために」の意味になり、通じない。正解は現在分詞の **4** slowing。

(12) 【訳】その広告には労使両方の、数多くの職が空いていると書いてある。 ANSWER 1

【解説】文の動詞 state の目的語は、a number of 以下の名詞節。名詞節を導く接続詞を選ぶ。

(13) 【訳】バイオテクノロジー産業は過去3年間、急げきな割合で伸びています。 ANSWER 1

【解説】a ( ) rate、rate「率」は名詞なので、空所に入るのは名詞を修飾する品詞である形容詞。形容詞は選択肢で **1** だけ。

(14) 【訳】競技会で勝った料理長は、パリとローマで料理を勉強していた。 ANSWER 1

【解説】空所には the chef（人）を先行詞とする関係代名詞が入る。直後に動詞 won が続くので、この関係代名詞は形容詞節の主語。したがって、人を先行詞とする関係代名詞の主格が正解。

(15) Of the two designs, the engineer prefers the (　　) with more traditional elements.

    1 oneself   **2** one's

    3 one   **4** ones

(16) The preliminary contract was voided on January 21st (　　) the final contract was signed by both parties.

    1 wherever   **2** where

    3 while   **4** when

(17) The merchandise listed on the invoice has not (　　) been delivered to the customer.

    1 still   **2** yet

    3 otherwise   **4** instead

(18) **A**: What time should we gather?

    B: We will start (　　) at 8:30 a.m.

    1 prompt   **2** prompted

    3 prompting   **4** promptly

(19) There are a few restaurants in the area, but participants may prefer, (　　), to pack a lunch.

    1 nevertheless   **2** unless

    3 until   **4** except

(15) **訳** 二つのデザインのうち、その技師はより伝統的要素の多い方を好んでいる。

 ANSWER 3

解説 空所には「二つのデザインのうちの片方」を指す代名詞が入る。**1** oneself は再帰代名詞で「それ自体」の意味となり、通らない。**2** one's は所有格。空所は prefer の目的語で、目的格のはず。**4** ones は複数形で、空所には「片方」の意で単数形が入るはず。

(16) **訳** 両者によって最終契約が調印された1月21日に予備契約は無効となった。

 ANSWER 4

解説 空所には January 21st という日付を先行詞とする関係副詞が入る。日付は時を示す語なので、関係副詞は **4** when を用いる。

(17) **訳** その送り状に掲載されている商品は、顧客にまだ配達されていない。

 ANSWER 2

解説 選択肢はいずれも副詞だが、意味が通るのはともに「まだ」の意の **1** still、**2** yet。否定語 not の後に入るのは yet で、still なら not の前。

(18) **訳** A：我々は何時に集まればいいですか？
B：午前8時30分きっかりに始めるつもりです。

 ANSWER 4

解説 時刻を示す at 8:30 a.m. は副詞句で「午前8時30分に」。副詞 promptly は時刻を「きっかり、ちょうど」の意味で修飾するが、その場合 promptly at 8:30 a.m. または at 8:30 a.m. promptly と、前か後ろに位置する。一般には at exactly 8:30 a.m.「正確に午前8時30分に」のように副詞は at の直後だが、promptly の場合は異なる。文の動詞 start を他動詞とすれば目的語として名詞、動名詞が入る可能性も考えられるが、名詞 prompt は可算名詞、動詞 prompt は他動詞なので、**1**、**3** のように単独では入らない。

(19) **訳** レストランはその地域にいくつかありますが、それでも参加者は昼食をこしらえる方を好むかもしれない。

 ANSWER 1

解説 前後をコンマで挟まれて単独で使われる語は nevertheless。ほかは接続詞か前置詞で語句を伴う。

Column 1 　仮定法について

　仮定法で示される条件には、「現実的な条件」と「非現実的な条件」の2種類があります。

1. 現実的な条件──実現可能な状況を表現するときに使われます（仮定法現在）。

　条件節（if節）= 現在形　　帰結節 = 未来形または現在形

If he comes to school, I will give him your message.
　　　　現在形　　　　　　　　未来形

（彼が学校に来たら、あなたの伝言を伝えます。）→ 彼が来ることはあり得る。

2. 非現実的な条件──ありそうもない、実現不可能な状況を表現するときに使われます。

①現在のことを言う場合（仮定法過去）

　条件節（if節）= 過去形　　帰結節 =〈would, could, might + 動詞の原形〉

If he studied, he could get better grades.〔**He doesn't study.**〕
　　　　過去形　　〈could + 動詞の原形〉

（彼が勉強したら、もっといい成績がとれるのに。）〔彼は勉強しない。〕

If he came to school, I would give him your message.
　　　　過去形　　　　　　　　〈would + 動詞の原形〉
　　　　　　　　　　　　　　　　　　　　　　〔**He doesn't come to school.**〕

（彼が学校に来たら、あなたの伝言を伝えるのに。）〔彼は来ない。〕

②過去のことを言う場合（仮定法過去完了）

　条件節（if節）= 過去完了　　帰結節 =〈would, could, might + have + 過去分詞〉

If he had come to school, I would have given him your message.
　　　　過去完了　　　　　　　　〈would + have + 過去分詞〉
　　　　　　　　　　　　　　　　　　　　　　〔**He didn't come to school.**〕

（彼が学校に来ていたなら、あなたの伝言を伝えたのに。）〔彼は来なかった。〕

まとめ

If ... 現在形 ..., ... 未来形または現在形 ....
If ... 過去形 ..., ... would, could, might + 動詞の原形 ....
If ... 過去完了 ..., would, could, might + have + 過去分詞 ....

第2章

長文問題

2nd Grade

長文問題

①英文を読み空所に当てはまる語句を選ぶ「長文の語句空所補充問題（6問）」と、②英文の主題や内容を読み取り質問に答える「長文の内容一致選択問題（12問）」の計18問で構成されています。

①長文の語句空所補充問題 … 英文を読み、三つの空所に入る適切な語句を選択肢から選びます。長文は2題で、計6問です。

②長文の内容一致選択問題 … 英文を読み、それに関する四つの設問に答えます。設問には長文中の途切れた部分を完成させる問題と、設問に対する最も適切な応答文を選ぶ問題の2種類あります。
長文はEメールが1題（3問）、説明文が2題（4問と5問）の3題で、計12問です。

Point 1
まずタイトルに注目する

　長文には必ずタイトル（題名）があります。タイトルには英文全体を貫くテーマ（主題）が込められています。いわばタイトルが、文全体の要約となっているのです。

　まずタイトルを読み、この長文で筆者は何について述べようとしているのかを把握しましょう。そしてタイトルに込められた意味を意識しながら、文章を読み進めます。そうすれば、出てくる単語の意味が多少わからなくても、内容を推測できます。また、意味のわからない文が出てきても、本筋は外しません。

Point 2
設問を先に読む（長文の内容一致選択問題の場合）

　試験問題なので、要は設問に答えられればいいのです。長文を一字一句すべて読む必要はありません。そこで、先に設問を読み「何に答えればいいか」をつかみます。キーワードがはっきりしていれば、その近辺の文を読むだけで解答を得ることもあります。

　また、設問を頭に入れて文章を読み進めると、解答に近い文章が出てきた時点で選択肢から正答を選べます。設問は長文のポイントを押さえているので、趣旨を理解するのにも役立ちます。

Point 3
文脈を理解する（長文の語句空所補充問題の場合）

　空所に入るのが接続詞の場合、前後の文意から、例えば順接か逆接かを判断することができます。論旨の展開を理解していれば、入る選択肢が自ずと明らかになる問題も多く、論旨に論理的に矛盾しない語句を選択肢から選べばしぜんと正解が得られます。

Point 4
情報のアンテナを張っておく

　内容が自分の得意分野であれば、単語や熟語の意味が多少わからなくても、だいたい想像がつきます。ましてや論旨は確実に押さえられます。

　長文問題では歴史的な物語、科学論文、環境問題など実際にニュースになったことや一般教養として扱われるものが多く取り上げられます。つまり、日ごろから情報のアンテナを張っておけば「知っている内容」が問題になる確率も高まります。これは日本語で情報を把握しているだけでもおおいに有効です。

　ニュースや新聞・雑誌から、一般常識、一般教養を日本語で身につけておきましょう。ネット時代を反映してか、特にインターネット、情報技術（IT）がテーマになることも多いので、この分野には要注意です。

Point 5
E メールの定型を覚える

　E メールの問題では、その定型から、かなりの情報を得られます。

　世界標準ともいえる形式があるので、下記の基本形を覚えておきましょう。

　　header「冒頭」には以下の情報が記載されています：

　　From:　　送信者（送り手＝書き手）の名前とメールアドレス（間に@が入ります）

　　To:　　　受信者（受け手）の名前とメールアドレス（間に@が入ります）

　　Date:　　送信日

　　Subject: 件名（タイトル同様、主題を表します）

　　※Subject に続いて Re: と記載されている場合もあります。Re は一説では
　　　Reply の略で、「返信」を表します。Re: の後にはやはり件名が来ます。「〜
　　　に関する返信が主題」というわけです。

　header に続き、破線で区切られ body「本文」が始まります。これは手紙と同じ形式です。すなわち Dear で始まり、Sincerely yours などで終わる形です。

　ほかの長文問題と異なり、各段落の行頭の字下げがありません。構成は「状況説明や用件」→「具体的な説明」→「求められる行動」の順であることが多いです。

長文の語句空所補充

次の英文を読み、その文意に沿って（　　）に入れるのに最も適切なものを
1、**2**、**3**、**4**の中から一つ選びなさい。

A Small but Happy Country

Bhutan is a country in Southeast Asia that is just south of China. Since 1971, this
country has rejected GDP (gross domestic product) as the only way to measure
progress. (　**1**　), it has championed a new approach to development, which
measures prosperity through formal principles of gross national happiness (GNH)
that is consisted of the spiritual, physical, social and environmental health of its
citizens and natural environment. Now its ideas are attracting interest in the world.

(　**2**　), in Japan, we put too much stock into the things we own. We are happier
when we have the latest appliances or the latest fashion. That is not a very good way
to think and it can cause us unneeded stress and unhappiness when we can not
afford those things. In Bhutan, they balance their material possessions and their
spirituality. And that just makes them happier. They do not care if they do not have
the latest appliances. They are just happy to be alive.

We (　**3**　) social media and get upset when we do not get answers or the like.
When you do not have to deal with that nonsense, life is generally better. Although
this has caused Bhutan's people to have some older values and some of them may
seem outdated by today's standards, that does not mean there is nothing their older
values can teach us.

(1) **1** According to it 　　　　**2** In spite of it
 　 3 In the place of it 　　　**4** In pursuit of it

(2) **1** Likewise 　　　　　　　**2** For example
 　 3 In the same way 　　　**4** As a result of it

(3) **1** are ignorant of 　　　　**2** are indifferent to
 　 3 make light of 　　　　 **4** get obsessed with

80

(1) 解説 前後の文脈から判断する。「GDPを発展の度合いを測る唯一の方法としない」とした後、「GNHを発展に対する新しい取り組みとして擁護している」につなげるには、「GDPに代わってGNHを指標とした」という展開にするのが妥当。したがって、「それ (GDP) に代わって」の意味の**3**が正解。**1** According to it「それによると」 **2** In spite of it「それにもかかわらず」 **4** In pursuit of it「それを求めて」

ANSWER 3

(2) 解説 前節でブータンについて述べ、それとは違う日本の例を出すのに使われる語句だから、正解は「例えば」の**2**。**1**「同様に」 **3**「同様に」 **4**「その結果として」

ANSWER 2

(3) 解説 「答えやそういったものが得られないと怒る」日本人はソーシャルメディアに「はまっている」の**4**が正解。**1**「無知な」 **2**「無関心な」 **3**「軽視する」

ANSWER 4

訳 小さいが幸福な国

ブータンは中国のすぐ南にある東南アジアの国だ。1971年以来、この国はGDP（国内総生産）を発展度合いを測る唯一の方法とするのを拒んでいる。それに代わって、国民の精神面、肉体面、社会面、環境面の健全さと自然環境から成る国民総幸福量（GNH）という公式原理によって繁栄度合いを測る新しい取り組みを擁護している。この国の考え方は今、世界の関心を呼んでいる。

例えば、日本では所有する物にたいへんな資産を注ぎ込んでいる。最新の機器や最新のファッションを持てれば幸福だ。それはそんなによい考え方ではなく、そういった物を買える余裕がないとき、不必要なストレスや不幸感をもたらす。ブータンでは、物的所有と精神のバランスを取る。そしてそれが人をより幸福にする。最新の機器を持っていなくてもかまわない。生きているだけで幸福なのだ。

我々はソーシャルメディアにはまり、答えやその類が得られなければ腹を立てる。そのような無意味なものに対処する必要がなくなれば、生活は全般によくなる。このことでブータンの人々は古い価値観を持つようになって、その中には今日の基準で言えば時代遅れに見えるものもあるのだが、彼らの古い価値観に我々が教わることはないというわけではない。

Mystery Deaths at an Aquarium

A Tokyo aquarium has the 2,200-ton, 30-meter-diameter tank once housed 69 bluefin tuna, 52 eastern little tuna and 38 oriental bonito. It used to be among the venue's most popular attractions. The tuna population (1   ) in December in 2015 and just 30 fish was alive by mid-January in 2016.

And at last only one remained in the tank. The second last one that just died apparently crashed into the acrylic wall twice. It suffered a broken backbone, which was unfortunate but not very unusual for tuna kept in a tank. Workers at the aquarium (2   ) after a mass extinction in its renowned tuna tank.

So the aquarium had added other fish species to the tank in stages to see what happens for a few months. None of the other species suffered mass deaths. An earlier examination had found some sort of virus among some of the dead fish, but it wasn't the kind that is usually fatal in fish farms.

Researchers were studying (3   ), including the tank's lighting and other factors that could have caused stress among the fish, or even the presence of a poisonous substance in the water. But the cause of the tuna deaths has not been determined yet. Most of the deaths remain unexplained.

(1)
1 began showing signs of increase
2 began making other fish depressed
3 seemed to age
4 started to plunge

(2)
1 made themselves relax
2 were scratching their heads
3 needed to eat more
4 had to go fishing

(3)
1 a substitute for tuna
2 many types of fish
3 a tuna invasion
4 a range of possibilities

(1) 解説 数が急減したのだから、「急落し始めた」の **4** が正解。**1**「増加の兆候を示し始めた」 **2**「ほかの魚を圧迫し始めた」 **3**「老化したようだ」

(2) 解説 マグロの大量死を受けて従業員は「途方にくれた」の **2** が正解。**1**「くつろいだ」 **3**「もっと食べる必要があった」 **4**「つりに行かなければならなかった」

(3) 解説 空所の後にはいろいろと具体的な例が挙げられているから、研究者が探ったのは「様々な可能性」で正解は **4**。**1** a substitute for tuna「マグロの代用品」 **2**「多種の魚」 **3**「マグロの侵略」

訳 水族館での謎の死

　東京のある水族館にはかつては本マグロ 69 匹、スマ 52 匹、カツオ 38 匹がいた 2200 トン、直径 30 メートルの水槽がある。それはそこで最も人気のあるアトラクションの一つだったが、2015 年 12 月にマグロの数が急減し始め、2016 年 1 月半ばにはたった 30 匹しか生きていなかった。

　そしてついに水槽には 1 匹が残るだけとなった。最後の 2 匹のうちの 1 匹は明らかにアクリル壁に二度衝突して死んだ。背骨を折ったもので、不運だったが、水槽で飼われているマグロにとっては特に異常なことではなかった。水族館の従業員は有名なマグロ水槽の大量絶滅を受けて途方にくれた。

　そこで水族館は数か月間、何が起こっているのか確かめようと水槽にほかの魚種を徐々に加えた。ほかの種は大量死しなかった。初期の検査では死んだ魚の一部からあるウィルスが発見されたが、養殖場で通例致命的とされるようなものではなかった。

　研究者は、水槽の明かりや魚にストレスを起こし得るほかの要因、さらには水中の毒物の存在を含め、いろいろな可能性を探った。しかし、マグロの死の原因はまだ特定されていない。ほとんどの死は説明されないままだ。

Low Birthrate and Aging Population in Japan

The estimated number of Japanese newborns fell to just 1.001 million in 2014 1
compared with 1.269 million registered deaths, the lowest birthrate ever recorded
and one that worsens this country's ongoing struggles with an aging and shrinking
population. The Japanese government has warned that by 2060, nearly 40% of the
population will be aged 65 or over. Data shows (**1**) to support the elderly and 5
pensioners who currently make up 25% of its population.

The Japanese government tasked intellectuals and Cabinet members with
(**2**) one of the most serious long-term problems confronting Japan: its rapidly
aging population and low birthrate. The government has set a key policy goal to
maintain Japan's population at a level of more than 100 million in 50 years by 10
boosting the low birthrate. It also has pledged to create a society where all of the
100 million citizens can play an active role.

Japan's rapidly aging and shrinking population has (**3**) about its future as
the size of the economy shrinks while social security costs for the elderly continue
to swell. The government has already been criticized for an apparent lack of specific 15
programs.

(1) **1** it is already difficult   **2** people can still control
    3 there is a reason   **4** the government decided

(2) **1** making a policy to protect   **2** saving money to grow
    3 criticizing it to deal with   **4** providing ideas to overcome

(3) **1** played a positive role   **2** caused serious concerns
    3 achieved the key goal   **4** hammered out the measures

(1) (解説) 少子高齢化で今では高齢者や年金生活者を支えるのは「すでに難しい」の**1**が正解。**2**「まだ管理できる」 **3**「理由がある」 **4**「政府が決定した」

ANSWER
1

(2) (解説) 政府が有識者と閣僚に課したのはこの長期的な問題を「克服するアイディアを供する」の**4**。**1**「守る政策を立案する」 **2**「伸ばすための資金を貯める」 **3**「取り組むのを批判する」

ANSWER
4

(3) (解説) 急速な少子高齢化は「深刻な懸念をもたらした」の**2**が正解。**1**「プラスの役割を果たした」 **3**「主要目標を達成した」 **4**「方策を打ち出した」

ANSWER
2

(訳) **日本の少子高齢化**

　2014年の日本の新生児数の推計値がたった100万1000人に落ち込んだのに対して、死亡届は126万9000人。記録されているなかで最低の出生率で、この国の高齢化と人口縮小に対する進行中の取り組みを悪化させるものだ。日本政府は、2060年までに人口のほぼ40%が65歳以上になると警告している。データによれば、現在人口の25%を占める高齢者や年金生活者を支えるのはすでに難しくなっている。

　日本政府は、有識者と閣僚に日本が直面するこの最も困難な長期的問題の一つ、急速な少子高齢化を克服するアイディアを出すよう求めた。政府は低い出生率を底上げすることで、日本の人口を1億人以上の水準で50年間維持するという主要目標を設定している。政府はまた一億総活躍社会を創出すると誓ってもいる。

　日本の急速な高齢化と人口縮小は、高齢者向けの社会保障費用が膨らみ続ける一方、経済規模は縮小することになるので、将来に対して深刻な懸念を引き起こしている。具体的施策が明らかに欠けていると政府はすでに批判されている。

長文の語句空所補充

次の英文を読み、その文意に沿って（　　）に入れるのに最も適切なものを
1、**2**、**3**、**4** の中から一つ選びなさい。

Early to Bed and Early to Rise

　Ben Franklin said, "Early to bed and early to rise makes a man healthy, wealthy and wise." Is it right? (　**1**　) our body's natural alignment to sleeping at night and waking at light, we culturally began to value those who did not waste these valuable hours of light as being the most productive members of a society.

　After the adoption of the gas (and then electric) lighting, a person could be working well into the evening. And then waking up early in the morning can be (　**2**　) for most people. But even if the initial wakeup call may be tough, getting up early has a lot of mental, emotional and physical benefits that you will enjoy throughout your entire day.

　Research shows that if you wake up early, you will be happier in your life. It says early risers are generally happier than (　**3**　). Think about that before you get into the habit of working late nights and hitting snooze every morning. If you wake up early, you have more time to get things done. It is simple. If you have ever thought that there are not enough useful hours in the day, then maybe you should try waking up earlier so you have a couple more hours to work with. You can believe that you will accomplish more during the day.

(1) 　**1** In spite of　　　　　　**2** Because of
　　　3 By way of　　　　　　 **4** In search of

(2) 　**1** a piece of cake　　　　 **2** a false impression
　　　3 a short cut　　　　　　**4** a real challenge

(3) 　**1** night owls　　　　　　 **2** night worms
　　　3 early birds　　　　　　**4** morning people

(1) 解説 「夜寝て陽の光で目覚める体の自然な調節」は「昼間の価値ある時間を無駄にしない人を評価する」理由となるので、正解は理由を示す **2**。**1**「〜にもかかわらず」 **3**「〜を経由して」 **4**「〜を求めて」

(2) 解説 夜遅くまで働くと朝早く起きるのは「本当に難しい」ので、正解は **4**。**1**「簡単なこと」 **2**「誤った印象」 **3**「近道」

(3) 解説 「早起きする人」と対比される「夜更かしする人」を意味する **1** が正解。**2**「夜の虫」 **3**「早起き」 **4**「朝型人間」

第2章 長文の語句空所補充

B

訳 **早寝早起き**

　ベン・フランクリンは「早寝早起きは人を健康にし、裕福にし、賢くする」と言った。それは本当だろうか。夜寝て陽の光で目覚めるように体が自然に調節するので、我々は社会通念として、この価値ある光の時間を無駄にしない人を社会の最も生産的な一員であると評価するようになった。

　ガス灯（後に電灯）の採用後、夜かなり遅くまで働けるようになった。それからというもの朝早く起きることはほとんどの人にとって本当に難しくなった。しかし、たとえ最初の目覚ましの音がどんなにきつかろうと、早起きには精神的、感情的、肉体的に1日全体を通して楽しめる、という利点がある。

　研究によれば、早起きすれば生活がより幸福になる。早起きする人は概して夜更かしする人よりも幸福だ。夜遅く働き、毎朝スヌーズボタンを押す習慣に入る前にそれについて考えなさい。早く起きれば、物事を行う時間が多くなる。ごく単純なことだ。1日に使える時間が十分にないと考えたことがあるなら、働く時間がもう2、3時間増えるように早起きしてみることだ。1日に達成できることが増えると確信できるはずだ。

The King and I

"The King and I" is a musical that is based on the 1944 novel "Anna and the King 1
of Siam" by Margaret Landon, which is (1) derived from the memoirs of Anna
Leonowens, governess to the children of King Mongkut of Siam in the early 1860s.

Two worlds collide in this classic musical. The year is 1862, and British
schoolteacher Anna Leonowens has arrived in Siam to instruct the royal children. 5
The King (2) lead Siam into the modern world and he thinks Western education
can be a part of that. Yet, Anna is horrified at first by many of the traditions that he
holds. Anna and the King struggle to find common ground. The King is largely
considered to be a barbarian by rules of the West, and he takes Anna on as an
advisor, asking her to help change his image. With both keeping a firm grip on their 10
respective traditions and values, Anna and the King teach each other about
understanding, respect, and love that can (3). Her effect on the kingdom and
the kingdom's effect on her are the basis of this beautiful and classic musical.

But this musical is not about romance or love. In actuality, "The King and I" is a
battle between sexism and racism. And no one wins. 15

(1) **1** in turn   **2** on the contrary
☑   **3** according to   **4** in contrast to

(2) **1** is accustomed to   **2** is determined to
☑   **3** is reported to   **4** is reputed to

(3) **1** have the opposite effect   **2** stop benefiting the country
☒   **3** exceed the differences   **4** be widely adopted

(1) [解説] 主人公の回顧録から「順番に」引き出されるとすれば意味が通るので、正解は **1**。**3**、**4** の後には(代)名詞が来なければならず文法的に不可。**2**「それどころか」 **3**「〜によれば」 **4**「〜と比較して」

(2) [解説] 王様はシャムを近代的な社会に導こうと「決意する」の **2** が正解。**1** の後には(代)名詞が来なければならず文法的に不可。**1**「〜に慣れる」 **3**「〜と報道される」 **4**「〜とうわさされる」

(3) [解説] お互いに教え合う理解、尊敬、愛は二人の「違いを超える」ことができるもので、正解は **3**。**1**「逆効果だ」 **2**「国に利益を与えなくなる」 **4**「広く採用される」

[訳] 王様と私

　『王様と私』は、マーガレット・ランドン作の 1944 年の小説『アンナとシャム王』に基づくミュージカルで、1860 年代初頭のシャムのモンクット王の子どもたちの家庭教師アンナ・レオノーウェンズの回顧録から順を追って引き出されている。

　この古典ミュージカルでは二つの世界が衝突する。時は 1862 年、英国人教師アンナ・レオノーウェンズは王室の子どもたちを教えるためにシャムに到着した。王はシャムを近代的な社会に導こうと決め、西洋の教育がその一部になると考える。だが、アンナは最初、彼が維持する数多くの伝統にショックを受ける。アンナと王は共通の立場を見つけようと苦闘する。王は西洋の規範ではほとんど野蛮人とみなされるので、アンナを助言者として雇い、自分のイメージを変える手助けをするよう依頼する。それぞれの伝統と価値観をしっかりと維持しながら、アンナと王は互いの違いを超える理解、尊敬、愛を教え合う。王国への彼女の影響と彼女への王国の影響がこの美しく古典的なミュージカルの基礎である。

　しかし、このミュージカルはロマンスや愛に関するものではない。実のところ、『王様と私』は性差別と人種差別の戦いなのだ。そして勝者はいない。

Eメールの問題

次の英文の内容に関して、質問に対して最も適切なもの、または文を完成させるのに最も適切なものを **1**、**2**、**3**、**4** の中から一つ選びなさい。

From: Pat Frank <p-frank@homemail.com>
To: ABC Realtor <info@abcrealtor.com>
Date: January 24
Subject: Searching for new home

Dear Sir or Madam,

Hello. I'm writing to your realtor today to get some help in 1
finding housing for my family. Members are three including
me, my wife and daughter. Actually I'm going to be
transferred from the London office to the New York office.
Before being formally assigned to the New York office, I am 5
in New York to familiarize myself with Big Apple and look for
a place to live in. And then one of my colleagues introduced
your real-estate agency to me. Could you recommend some
houses?

I heard from my colleague the rents are too expensive in 10
Manhattan. So I want to pick up from the suburbs. Many of
my colleagues recommend the suburbs in New Jersey. And
you know, security is a high priority for our family. I want to
believe there isn't a break-in. But I'm ready to join an
insurance policy just in case.   15

My daughter is sixteen years old. She needs a private room.
So we're looking for something with three bedrooms.
Anyway, I would like to meet one of your agents and see

some homes next week, if any are available. I'm looking forward to your reply.

Sincerely,

Pat Frank

(1) Pat Frank and his family recently

   1 visited some homes for sale in their neighborhood.

   2 decided to sell their home in London to his friend.

   3 was obliged to move to a place near New York.

   4 recommended a real-estate agent to his colleague.

(2) What is true about Pat Frank and his family?

   1 They have been formally assigned to New York.

   2 They want to take safety matters seriously.

   3 They want a big room enough to sleep together.

   4 They are all looking for jobs in New Jersey.

(3) What is one thing Pat Frank asks ABC Realtor to do?

   1 Send a real-estate agent to his office to see his colleague.

   2 Find some homes that are in the middle of Manhattan.

   3 Give him and his family advice about joining an insurance policy.

   4 Take him to see some homes next week.

(1) **質問訳** パット・フランクと彼の家族は最近…

ANSWER 3

解説 パット・フランクはロンドンからニューヨークへの転勤が決まり、正式配属を前に一人でニューヨークを訪れ、家族3人で住む家を近辺で探している。この状況に当てはまる「ニューヨーク近辺に引っ越さなくてはならなくなった」の**3**が正解。**1**「近所の売り家を何軒か訪れた」、**2**「ロンドンの家を友人に売ることにした」、**4**「同僚に不動産屋を推薦した」という事実はない。

(2) **質問訳** パット・フランクと彼の家族について正しいのはどれですか？

ANSWER 2

解説 security is a high priority for our family という箇所に注目。これに当てはまる**2**「安全問題を重視したいと考えている」が正解。**1**「正式にニューヨークに配属された」はまだなので、不正解。**3**「一緒に眠れる大きな部屋がほしい」は、3人とも個室を必要としているので、合わない。**4**「全員がニュージャージー州で仕事を探している」という記述はない。

(3) **質問訳** パット・フランクが ABC 不動産に依頼していることの一つは何ですか？

ANSWER 4

解説 I would like to meet one of your agents and see some homes next week という箇所に注目。これに当てはまる「来週何軒か見に連れていく」の**4**が正解。**1**「同僚に会うようオフィスに不動産店の社員を派遣する」、**2**「マンハッタンの中心に何軒か家を見つける」、**3**「彼と家族に保険加入に関して助言する」はいずれもメールの文中にない。

訳

送信者：パット・フランク <p-frank@homemail.com>
受信者：ABC 不動産 <info@abcrealtor.com>
送信日：1 月 24 日
件名：新しい家を探しています

ご担当者様、

　こんにちは。本日はそちらの不動産店に私の家族向けの住宅を探すお手伝いをしていただきたくこれを書いています。家族は私、妻、娘の 3 人です。実はロンドンオフィスからニューヨークオフィスに転勤することになっています。正式のニューヨークオフィス配属前に、ビッグアップルになじみ、住む場所を探そうと、ニューヨークにいます。すると、同僚の一人がそちらの不動産店を紹介してくれました。何軒か家を薦めていただけますか。

　同僚からマンハッタンの家賃は非常に高いと聞きました。そこで、郊外から選びたいと思います。同僚の多くはニュージャージー州郊外を薦めています。そしてご存じでしょうが、安全が我々家族にとって高い優先事項です。侵入されることなどないと信じたいですが、念のため保険には入ろうと思います。

　娘は 16 歳です。彼女には個室が必要です。だから、寝室が三つある家を探しています。とにかく、来週どなたかご都合がつけば貴社の社員の一人と会い、何軒か見たく思っています。お返事、お待ちしています。
敬具、
パット・フランク

From: Rick Pearson <rpearson@abcfood.com>
To: David Rice <drice@abcfood.com>
Date: October 9
Subject: Ethical behavior

Dear David,

Thank you for your hard work as a leader of our ethics 1
committee. Thanks to your efforts, our company has codes
of ethics to clarify our policy on it. I think we had very
interesting and useful discussions at the meeting. We
discussed ethical behavior of our company. And I could 5
confirm my understanding.

I think there has been no rigid company policy about the
practice of gift giving. Actually I know that gift giving is a
traditional business culture in some countries. It has been a
awkward question about how we should deal with it. I know 10
gifts are given in exchange of favors. And of course, it should
be considered unethical. But it's legal. So that surely has
been a difficult problem to judge for a long time. Now I'm
sure legality is a part of ethical behavior, but not all. Our
codes of ethics teach me gifts should not be considered the 15
cost of doing business.

Finally, our company condemns corruption in all its forms.
And then we will not tolerate it in our business. From today,
management can be directly involved in the efforts to ensure
the operating effectiveness of such internal controls. Thank 20
you very much again.

Rick

(1) What is one thing we learn about David?

☑ **1** He is a sales representative for some countries.

　　2 He is in charge of a new legislation.

　　3 He helped his company get codes of ethics.

　　4 He was arrested on the suspicion of corruption.

(2) What must the management do about their codes of ethics?

☒ **1** They have to ensure the implementation of such controls.

　　2 They have to bring gifts to some countries.

　　3 They must be involved in exchanging favors.

　　4 They must consider the cost of doing business.

(3) What does Rick appreciate David doing?

☑ **1** He was directly involved in internal controls.

　　2 He asked the management to obey the codes.

　　3 He condemned corruption done by their company.

　　4 He led discussions on their company policy.

(1) **[質問訳]** デイビッドについてわかることの一つは何ですか？ **ANSWER 3**

[解説] Thanks to your efforts, our company has codes of ethics とい う箇所に注目。これに該当する記述の**3**が正解。**1**「いくつかの国の営業担当」、**2**「新法制定の責任者」、**4**「汚職の疑いで逮捕された」というのはいずれも記述にない。

(2) **[質問訳]** 倫理規定について経営陣は何をしなければなりませんか。 **ANSWER 1**

[解説] management can be directly involved in the efforts to ensure the operating effectiveness of such internal controls という箇所に注目。これに当てはまる記述の**1**が正解。**2**「いくつかの国に贈り物をする」、**3**「好意を交換する」は、してはいけないこと。**4**「事業遂行のコストを考える」は倫理規定と直接結びつかない。

(3) **[質問訳]** リックはデイビッドが何をしたことに感謝していますか？ **ANSWER 4**

[解説] 冒頭の Thank you for your hard work as a leader of our ethics committee. Thanks to your efforts, our company has codes of ethics to clarify our policy on it. から「社内制度に関する議論をまとめた」の**4**が正解。**1**「内部統制に関与する」は経営陣の課題、**2**「経営陣に規定に従うよう依頼した」、**3**「会社の行った汚職を非難した」はいずれもメールの文中にない。

送信者：リック・ピアソン <rpearson@abcfood.com>
受信者：デイビッド・ライス <drice@abcfood.com>
送信日：10月9日
件名：倫理的活動

デイビッド様、

　倫理委員会リーダーとしての精力的な取り組みに感謝します。あなたの努力のおかげで、当社は考え方を明白にした倫理規定を持つことができました。我々は会議で興味深く有益な議論ができたと思います。会社の倫理的活動に関して議論することで、自分の理解を確認することができました。

　贈り物をすることに関して会社の厳密な方針はなかったと思います。実際、贈り物は国によっては伝統的なビジネス文化だということを私は知っています。だからどう対処すべきか厄介な問題でした。贈り物は好意の交換として行われます。そしてもちろん、非倫理的と考えられるべきです。しかし、合法ではあります。だから長い間判断が難しい問題でした。今では、合法であることは倫理的行動の一部ではあるが、すべてではないと確信しています。当社倫理規定が贈り物は事業遂行のコストと考えられるべきではないと教えてくれます。

　最終的に、当社はどんな形式であれ汚職を非難します。事業において許すことはありません。今日から、経営陣はこのような内部統制を効果的かつ確実に運用するよう直接関与することができます。重ねて御礼申し上げます。
リック

Ｅメールの問題

次の英文の内容に関して、質問に対して最も適切なもの、または文を完成させるのに最も適切なものを **1**、**2**、**3**、**4** の中から一つ選びなさい。

From: John Bush <admin@mstate.edu>
To: Library Users <library@lists.mstate.edu>
Date: June 7
Subject: The Student Library Advisory Committee

Attention all students:
Our library is looking for volunteers to serve on the Student 1
Library Advisory Committee. This Committee, which began
five years ago has done many exciting things to make the
library a more user-driven environment. The Committee is in
charge of advising, planning, evaluating new services. The 5
term for appointment is one year. The Student Library
Advisory Committee was created to give students an active
voice in library-related issues on campus. The Student
Library Advisory Committee is a two-way forum for
information exchange between students and the University 10
Library.
The Student Library Advisory Committee will be consisted of
two representatives from each class: freshmen, sophomore,
junior, senior, and grads, and we encourage a variety of
majors to apply. The Committee will meet monthly during the 15
semester, but additional meetings may be called at the

Chairman's discretion. The Chairman must set the date, time and location of the meeting.

If you are interested in volunteering for the Student Library Advisory Committee, please fill out our volunteer form no 20 later than the end of September.

Sincerely,

Library Management

(1) What has the library decided to do?

  1 Begin the new committee for a user-driven environment.

  2 Evaluate the members of the Student Library Advisory Committee.

  3 Recruit the new membership of the advisory committee.

  4 Exchange advice with the chairman of the freshmen class.

(2) What is one thing the Chairman of the Student Library Advisory Committee do?

  1 Encourage a variety of majors.

  2 Set the location of the new library building.

  3 Appoint the member of the Student Library Advisory Committee.

  4 Convene the extraordinary meetings if needed.

(3) The applicants for volunteers are

  1 able to work as a librarian.

  2 consisted of students and librarians.

  3 expected to make an entry by the end of September.

  4 going to be taken to the interview with the Chairman.

(1) 【質問訳】 図書館は何をすることを決めましたか。

ANSWER **3**

【解説】 冒頭に looking for volunteers to serve on the Student Library Advisory Committee とあるから、これに該当する記述の **3** が正解。**1**「ユーザー主導の環境のための新委員会を始める」、**2**「学生図書館諮問委員会の会員を評価する」、**4**「1 年生のクラスの議長とアドバイスを交換する」というのはいずれも本メールで通知したことではない。

(2) 【質問訳】 学生図書館諮問委員会議長がすることの一つは何ですか？

ANSWER **4**

【解説】 additional meetings may be called at the Chairman's discretion という箇所に注目。これに当てはまる記述の **4** が正解。**1**「多様な専攻を薦める」、**2**「新しい図書館の場所を決める」、**3**「学生図書館諮問委員会のメンバーを指名する」はいずれも議長の任ではない。

(3) 【質問訳】 ボランティア志願者は…

ANSWER **3**

【解説】 最後の fill out our volunteer form no later than the end of September から「9 月末までにエントリーすべきだ」の **3** が正解。**1**「図書館員として働くことができる」、**2**「学生と図書館員で構成される」、**4**「議長との面接に連れていかれる」はいずれも記述にない。

送信者：ジョン・ブッシュ <admin@mstate.edu>
受信者：図書館利用者 <library@lists.mstate.edu>
送信日：6月7日
件名：学生図書館諮問委員会

全学生の皆様：
　図書館では学生図書館諮問委員会に参画するボランティアを募集しています。5年前に始まったこの委員会は図書館をよりユーザー主導環境に置くため多くの魅力的なことをしてきました。委員会はアドバイス、計画、新しいサービスへの評価に責務を負います。任期は1年です。学生図書館諮問委員会は学生にキャンパスにおける図書館関係の問題に対する活発な声を伝えるために作られました。学生図書館諮問委員会は、学生と大学図書館で情報交換するための双方向の集会です。
　学生図書館諮問委員会は各学年：1年生、2年生、3年生、4年生と大学院生二人ずつの代表で構成されます。専攻はいろいろな分野からが望ましいです。委員会は学期中毎月開催されますが、議長の裁量で追加会議が召集されるかもしれません。議長は会議の日時と場所を設定しなければなりません。
　学生図書館諮問委員会のボランティアにご興味がございましたら9月末までに志願書にご記入ください。
敬具、
図書館管理部門

説明文の問題

次の英文の内容に関して、質問に対して最も適切なもの、または文を完成させるのに最も適切なものを **1**、**2**、**3**、**4** の中から一つ選びなさい。

The Supermassive Black Hole

New research has suggested that our universe could be riddled with monster ₁ black holes. This new fact has been released after a black hole with a mass of 17 billion suns was found in a large, virtually isolated galaxy 200 million light years away.

Black holes are referred to as "supermassive" if they have masses of millions or ₅ billions of times more than the sun. Supermassive black holes with masses of more than 10 billion suns have previously been found at the heart of large galaxies located in dense clusters in the universe. But it is the first time astronomers have found such an object lying at the center of a large galaxy in a relatively empty area of the universe. ₁₀

The scientists did not expect to see such a huge black hole in a small place. And that opens up an interesting possibility. A team of scientists from the US and Germany describe how the discovery of a supermassive black hole at the center of a galaxy known as NGC 1600 arose from a large study into massive galaxies in the local universe. The study combines data from all over the world. The scientists are ₁₅ trying to untangle the secrets of supermassive black hole formation and the relationship of these hefty objects to their galaxy.

By studying the movement of stars within NGC 1600, the astronomers inferred that at the core of the galaxy lies a monster black hole with a mass equal to 17 billion suns. Black holes do not give out light so it is hard to study them. But they have ₂₀ very strong gravity so they will make the stars very close to them.

(1) What is one thing that astronomers have found about black holes first time?

    1 A hefty black hole could lie in a relatively empty area.

    2 A black hole has a mass of 17 billion suns.

    3 Black holes are not related to our universe.

    4 Supermassive black holes have masses of 10 billion suns.

(2) What is one reason the scientists did not expect such a huge black hole?

    1 It is 200 million light years away.

    2 It is referred to as supermassive.

    3 It is known as NGC 1600.

    4 It is in a small place.

(3) How do astronomers infer a mass of the black hole?

    1 They untangle the secrets of the black hole.

    2 They figure out how the black hole was formed.

    3 They study the movement of stars within the galaxy.

    4 They give out light to the black hole.

(4) What is one thing that the astronomers know about black holes?

    1 They emit strong light.

    2 Most of them are easy to study.

    3 They are under the state of zero-gravity.

    4 They have so strong gravity that they draw the stars.

(1) 【質問訳】天文学者がブラックホールについてはじめて発見したこと
の一つは何ですか？

【解説】But it is the first time astronomers have found に続き such an object lying
at the center of a large galaxy in a relatively empty area of the universe. とある。
この such an object は「超巨大ブラックホール」のことで、正解は**1**。**2**は今回
はじめて発見された内容ではないし、**3**は誤った内容、**4**の定義も正しくない。

(2) 【質問訳】科学者たちがこのような巨大なブラックホールを予期しな
かった理由の一つは何ですか？

【解説】The scientists did not expect で始まる文中に such a huge black hole in
a small place とある。したがって、正解は**4**。**1**は今回ブラックホールが発
見された銀河の場所を示し、**2**はブラックホールが「超巨大」とされてい
るということだが、どちらもブラックホールの存在を予期しなかったこと
とは関係ない。**3**は銀河の名称で、ブラックホールの名称ではなく、内容
自体が誤り。

(3) 【質問訳】天文学者はどのようにしてブラックホールの大きさを推測
しますか？

【解説】the astronomers inferred とある文が By studying the movement of stars
で始まっているので、正解は**3**。**1**は「ブラックホールの謎を解く」、**2**は
「ブラックホールがどのようにして形成されたか解明する」、**4**は「ブラック
ホールに光を放つ」で、いずれも大きさの推測方法としては不適。

(4) 【質問訳】天文学者がブラックホールについてわかっていることの一 **ANSWER 4**
つは何ですか？

【解説】最後の文にある they have very strong gravity so they will make the stars
very close to them と合致する**4**が正解。**1**「光を放つ」、**2**「研究しやすい」、
3「無重力状態である」は、いずれもブラックホールに反する内容で不適。

訳　超巨大ブラックホール

　新しい研究によれば、巨大ブラックホールによって我々の宇宙の謎が解明される可能性がある。この新事実は、太陽170億個分に相当するブラックホールが、2億光年離れたところにある大きくてほとんど孤立状態の銀河で発見された後に発表された。

　ブラックホールは、太陽の数百万倍から数十億倍の大きさを持つ場合、「超巨大」と形容される。太陽の100億倍を超える超巨大ブラックホールは、以前宇宙の密集空間にある大銀河の中心で発見されたことがある。しかし、天文学者がこのような物質を宇宙の比較的空虚な空間にある大銀河の中心で発見したのははじめてだ。

　科学者たちは狭い場所にこのような巨大ブラックホールがあるとは予期しなかった。そしてそれが興味深い可能性を切り開いてくれている。アメリカとドイツの科学者チームは、NGC 1600として知られる銀河の中心にある超巨大ブラックホールの発見が、どのようにして宇宙の各地にある巨大銀河に対する大掛かりな研究からなされたかについて記述している。この研究は世界中のデータを結集して行われている。科学者たちは、超巨大ブラックホール形成の謎とこの巨大物質と銀河との関係を解明しようとしているのである。

　NGC 1600の中の星の動きを研究することで、天文学者たちは銀河の中心に太陽170億個分に相当する巨大ブラックホールがあると推測した。ブラックホールは光を放たないので、研究するのが難しい。しかし、非常に強力な引力を持つので、星をすぐ近くに引き寄せるのだ。

押さえておきたい語句

riddle　謎を解く	isolated　孤立した
light year　光年	arise　生じる
untangle　解決する	infer　推測する
gravity　引力	emit　放つ

The Giant Panda

The giant panda also known as simply panda, is a bear native to south central China. It is easily recognized by the large, distinctive black patches around its eyes, over the ears, and across its round body. The name "giant panda" is sometimes used to distinguish it from the unrelated red panda. The giant panda's diet is over 99% bamboo. The giant panda has lived in bamboo forests for several million years. As a result of farming, deforestation, and other development, the giant panda has been driven out of the lowland areas where it once lived.

Zoo visitors enjoy watching giant pandas eat. A panda usually eats while sitting upright, in a pose that resembles how humans sit on the floor. This posture leaves the front paws free to grasp bamboo stems. The panda also uses its powerful jaws and strong teeth to crush the tough, fibrous bamboo into bits.

A giant panda's digestive system is more similar to that of a carnivore than an herbivore, and so much of what is eaten is passed as waste. To make up for the inefficient digestion, a panda needs to consume from 20 to 40 pounds of bamboo each day to get all its nutrients. To obtain this much food means that a panda must spend 10 to 16 hours a day eating. The rest of its time is spent mostly sleeping and resting.

At birth, the cub is helpless, and it takes considerable effort on the mother's part to raise it. A newborn cub weighs three to five ounces and is about the size of a stick of butter. Pink, hairless, and blind, the cub is 1/900th the size of its mother. Except for a *marsupial (such as the kangaroo or opossum), a giant panda baby is the smallest mammal newborn relative to its mother's size.

*marsupial: 有袋類

(1) What is one reason the giant panda has been got rid of the lowland areas?

    1 Bamboo forests have been deforested.

    2 It is easily recognized by its character.

    3 It has lived there for several million years.

    4 Its diet is almost tough, fibrous bamboo.

(2) Zoo visitors are glad to see giant pandas

    1 digest many pounds of bamboo every day.

    2 eat a lot of bamboo posing like humans.

    3 crush the tough bamboo with their paws.

    4 sleep and rest almost all of the day.

(3) What is one thing that is unusual about a giant panda's digestive system?

    1 Most of what is eaten is passed as nutrition.

    2 It is an herbivore system to digest bamboo.

    3 Only a few hours are spent to eat required bamboo.

    4 It is inefficient to get its nutrients.

(4) Which of the following statements is true?

    1 The giant panda is raised mainly by its father.

    2 A giant panda baby weighs from 20 to 40 pounds.

    3 A newborn cub of a giant panda can see its mother.

    4 A giant panda baby is extremely small compared to its mother.

(1) 【質問訳】ジャイアントパンダが低地帯から追い出された理由の一つ は何ですか？

【解説】farming, deforestation, and other development の「結果として」ジャイ アントパンダは住んでいた低地帯から追い出されたとあるので、その一つ deforest を挙げている **1** が正解。**2** は character が本文の記述と異なるうえ に、文として低地帯を追い出された理由を表すものではない。**3**、**4** はジャ イアントパンダに関する正しい記述だが、低地帯を追い出された理由では ない。

(2) 【質問訳】動物園来訪者はジャイアントパンダが…するのを見て喜ぶ。 ANSWER 2

【解説】Zoo visitors enjoy watching giant pandas eat. とあり、次にそ の様子を in a pose that resembles how humans sit on the floor と描写してい るので、正解は **2**。**1** の「たくさんの笹を消化する」のは見えないし、**3** は paw「手、前足」では笹をつかむのであり、破砕はしない。**4** は eat ではな く sleep and rest とあるので、不適。

(3) 【質問訳】ジャイアントパンダの消化器系について特異なことの一つ は何ですか？ ANSWER 4

【解説】the inefficient digestion という記述があるので、正解は **4**。**1**、**2**、**3** は すべて本文の記述と異なる。「ジャイアントパンダの消化器系について特異 なこと」ではない。

(4) 【質問訳】次の記述のうち正しいのはどれですか？ ANSWER 4

【解説】最後の 2 文に 1/900th the size of its mother「母親の大きさの 900 分の 1」、the smallest mammal newborn relative to its mother's size「母 親の大きさと比較して最小の哺乳類新生児」という記述があるので、正解 は **4**。**1** は事実と反対、**2** は食べる笹の量で赤ちゃんの体重ではない。**3** は blind「目が見えない」という記述に反する。

訳 ジャイアントパンダ

単にパンダという名でも知られるジャイアントパンダは中国中南部原産の熊だ。目の周囲、耳全体、そして丸い体を横切る大きくはっきりした黒のまだら模様で簡単にそれとわかる。「ジャイアントパンダ」という名前は、同じ科には属さないレッサーパンダと区別するために使われることがある。ジャイアントパンダの食事は99％以上が笹だ。ジャイアントパンダは数百万年の間竹林に住んでいた。農耕、伐採、その他の開発の結果として、ジャイアントパンダはかつて住んでいた低地帯から追い出された。

動物園来訪者はジャイアントパンダが食べるのを見て楽しむ。パンダは普通人間が床に座るのに似た姿勢でまっすぐに座って食べる。この姿勢によって前足が自由に使えて笹の茎をつかめる。パンダは自分の強力なあごと丈夫な歯も使い、堅い繊維質の笹を粉々に砕く。

ジャイアントパンダの消化器系は草食動物よりも肉食動物に近く、食べるもののほとんどは排泄物として出される。非効率的な消化の埋め合わせをするため、すべての栄養物をとるには、パンダは1日に20から40ポンドの笹を消費する必要がある。こんなに大量の食事をとるため、パンダは1日に10時間から16時間を食べることに充てる。残りの時間は、おもに睡眠と休憩に使われる。

誕生時、子どもは無力で、育てるのに母親としてはかなりの努力が必要だ。生まれたばかりの子は3オンスから5オンスで、スティック状のバター※1本分くらいの大きさだ。ピンク色で毛がなくて目が見えない子は、母親の大きさの900分の1だ。有袋類（カンガルーやオポッサムのような）を除くと、ジャイアントパンダの赤ちゃんは、対母親比で哺乳類最小の新生児だ。

※スティック状のバター……アメリカではバターは1本110gのスティックに分けて売られている

押さえておきたい語句

native to 〜　〜原産の	distinctive　はっきりした
patch　まだら	distinguish　区別する
diet　食事	deforestation　伐採
paw　前足、手	fibrous　繊維質の
carnivore　肉食動物	herbivore　草食動物
nutrient　栄養物	cub　（トラ・クマなどの）子
mammal　哺乳類	get rid of 〜　〜を排除する

説明文の問題

次の英文の内容に関して、質問に対して最も適切なもの、または文を完成させるのに最も適切なものを **1**、**2**、**3**、**4** の中から一つ選びなさい。

Elderly Driving

In Japan, elderly people aged 65 or over comprise more than 20% of the entire 1
population, and Japan is currently one of the top-ranked aging nations in the world. Japan's elderly population growth rate is markedly higher than that of European countries and the US.

Mobility of the elderly is a growing concern in Japan. Today's human travel 5
behavior is sustained by various modes of transportation. Automobile travel, in particular, is extremely convenient and facilitates door-to-door travel at any time. As aging increases, the reliance on automobile travel grows. Except for city areas, which have trains, buses, and other advanced public transport systems, life would be difficult without the use of automobiles for transportation in many regions in 10
Japan.

There is no legal age at which you must stop driving. You can decide when to stop as long as you do not have any medical conditions that affect your driving. So you must find out how changes your health can affect your driving and how to give up your license, if needed. 15

You must renew your driving license every three years after you turn 70 but there are no laws on what age you must stop driving. Unless your health or eyesight suddenly get worse, it can be difficult to know when you should stop driving. Your safety and the safety of other road users are the most important things to consider. If you are concerned that your driving is not as good as it was, do not wait for an 20
accident to convince you to stop. It may be time to give up driving if your reactions are noticeably slower than they used to be, or your eyesight is getting worse. People will be given a certificate of their driving history when they return their driver's licenses. By showing the certificate, they can receive some benefits, such as a 10 percent discount off taxi fares. 25

(1) Many regions in Japan are depending on

    1 advanced transport systems that are available.

    2 housing development more than European countries.

    3 using automobiles for transportation.

    4 trains facilitating door-to-door travel.

(2) What is one advantage of automobile travel?

    1 It can recover muscular strength.

    2 It can help people come and go from door to door.

    3 People can sustain various infrastructure.

    4 People use it to restrict their joint movement.

(3) Drivers aged 70 and over in Japan

    1 must not renew their driving licenses.

    2 must stop driving by law.

    3 must renew their driving licenses every three years.

    4 must worsen their eyesight to reach the limits of their strength.

(4) What is one challenge faced by people who should return their driver's licenses?

    1 It is hard to determine properly when to stop driving.

    2 The law makes it difficult for them to abandon their licenses.

    3 They cannot afford to take a taxi to return their licenses.

    4 The number of benefits that they can receive will not probably increase in the future.

(1) **質問訳** 日本の多くの地域は…に依存している。

ANSWER 3

解説 many regions in Japan exist where life would be difficult without the use of automobiles for transportation という箇所に注目。「自動車の使用なしでは生活が難しくなる」ということは自動車使用への依存度大で正解は**3**。**1**は都市部に限った話で many regions のことではない。**2**の「住宅開発」は、文中触れられていない。**4**の「列車」は door-to-door ではない。

(2) **質問訳** 自動車による移動の利点の一つは何ですか？

ANSWER 2

解説 Automobile travel, in particular, is extremely convenient and facilitates door-to-door travel at any time. という文に注目。自動車の利便性として door-to-door を挙げているので、正解は**2**。**1**「筋力を回復する」、**3**「様々なインフラを維持できる」、**4**「関節の動きを制限する」のいずれも自動車による移動とは無関係。

(3) **質問訳** 日本で 70 歳以上の運転者は…

ANSWER 3

解説 You must renew your driving license every three years after you turn 70 という箇所に注目。turn は「（年齢に）なる」という意味。したがって、正解は**3**。**1**、**2**は本文に記された事実に反する。**4**「体力の限界まで視力を悪化させなければならない」だと意味不明になる。

(4) **質問訳** 運転免許を返上すべき人が直面する難問の一つは何ですか？

ANSWER 1

解説 it can be difficult to know when you should stop driving という箇所に注目。challenge, hard, difficult がいずれも「難しい」ことを表すと知っていれば正解は**1**とわかる。**2**は法律では運転免許返上に何の縛りもないので、不正解。**3**のタクシー利用に関しては、運転免許を返上すれば割引を受けられるという記述はあるが、タクシー料金が高くて免許返上の際に利用できないことが問題だとは言っていない。**4**「彼らが受けることのできる特典の数」が今後どうなるかに関する言及は本文にはない。

訳　高齢者の運転

　日本では、65歳以上の高齢者が全人口の20％超を占め、日本は現在世界で最高ランクの高齢国家の一つだ。日本の高齢化率は欧州諸国や米国よりもはっきりと高い。

　日本では、高齢者の移動は懸念を増している。今日の人間の移動行為は様々な交通手段によって維持されている。特に、自動車による移動は極めて便利で、いつでも自宅から目的地までの移動を容易にする。年を取るにつれて、この移動形態に頼りがちになる。列車やバスやその他進んだ公共交通機関を有する都市部を除き、日本の多くの地域では移動に自動車を使わないと生活が困難になる。

　運転をやめなければならない法定年齢はない。運転に影響する病状がない限りやめるときは自分で決められる。だから健康の変化がどのように運転に影響するかを見極め、必要ならばどのように免許を返上するか理解しなければならない。

　70歳以上は3年毎に運転免許を更新しなければならないが、何歳で運転をやめなければならないかに関する法律はない。あなたの健康や視力が突然悪くならない限り、いつ運転をやめるべきか知るのは難しいだろう。自分とほかの道路使用者の安全は、考慮すべき最も重要な点だ。自分の運転がかつてほどよくないと心配なら、事故を起こしてからやめるのを納得するのでは遅い。反応が往時よりはっきり遅くなったり、視力が悪くなったりしたら、運転をあきらめるべきときかもしれない。運転免許を返上すれば運転経歴証明書がもらえる。この証明書を見せればタクシー料金の10％割引などいくつかの特典を受けることができる。

押さえておきたい語句

comprise　成る、含む、構成する
sustain　維持する
reliance　信頼、頼り、依存
legal age　法定年齢
eyesight　視力

get worse　悪化する
convince　納得させる
certificate　証明書
muscular strength　筋力
joint movement　関節の動き

The Principality of Monaco

The Principality of Monaco, the tiny state situated at the heart of the Riviera, is no stranger to criticism. Neither is its ruling family, the Grimaldis, who have remained the monarchs of this micro-size sovereign state for over 700 years. It is, however, important for its people to convey to the world that Monaco has progressed into a 21st century democracy.

The Principality has its own democratic and legislative assembly. The Prince's government runs this small country in consensus with the assembly. Monaco is a member of the international community and, although not part of the European Union, Monaco complies with international as well as many European laws and regulations represented in the United Nations and in the European Parliament.

But generally, the name Monaco remains synonymous with casinos, Formula One, luxury yachts, Grace Kelly and offshore tax havens. And it's the thorny matter of tax that is central to the criticism aimed at Monaco.

Monaco imposes no income tax on individuals. The absence of a personal income tax in the Principality has attracted to it a considerable number of wealthy "tax refugee" residents from European countries who derive the majority of their income from activity outside Monaco; celebrities such as Formula One drivers attract most of the attention, but the vast majority of them are less well-known business people.

In 1998, the Organization for Economic Co-operation and Development (OECD) issued a first report on the consequences of the tax havens' financial systems. Monaco did not appear in the list of these territories until 2004, when OECD became outraged regarding the Monaco's situation and denounced it in its last report, as well as Andorra, Liechtenstein, Liberia and the Marshall Islands, underlining its lack of co-operation as regards to financial information disclosure.

(1) What is one thing we learn about the Principality of Monaco?

☒   **1** It is the large island lying on the heart of Riviera.
    2 The Grimaldis family are no longer ruling this state.
    3 It is obeying the laws of the European Parliament.
    4 People do not have a clue as to what democracy is.

(2) What is true about the residents of Monaco?

☒   **1** They have been criticizing the ruling family for 700 years.
    2 They take out their income in Monaco to other European countries.
    3 They do not need to pay a personal income tax at all.
    4 They are refugees escaping from regional conflicts in Europe.

(3) Wealthy residents attracted to Monaco from European countries

☒   **1** mostly intend to evade the tax.
    2 are generally celebrities like Formula One drivers.
    3 get their income from business in Monaco.
    4 are known well as professional gamblers in casinos.

(4) Which of the following statements is true?

☒   **1** OECD thanks for Monaco's co-operation for its research of financial systems.
    2 Monaco is the only country condemned by OECD.
    3 The European Union is calling on Monaco's ruler to become a member.
    4 Monaco is not willing to be open about their financial information.

(1) 【質問訳】モナコ公国についてわかることの一つは何ですか？　ANSWER **3**

【解説】Monaco complies with international as well as many European laws and regulations represented in the United Nations and in the European Parliament. という文に注目。国連と欧州評議会で示された法律や規制を comply with「守る」とある。comply with と obey は同じ意味で、正解は **3**。**1**、**2**、**4** はいずれも記載された事実に反する。

(2) 【質問訳】モナコ住民について正しいのはどれですか？　ANSWER **3**

【解説】Monaco imposes no income tax on individuals. The absence of a personal income tax ... と個人所得税がないとくり返し記しているので、正解は **3**。**1** はモナコ王室と住民は良好な関係にあるとわかるので、不正解。**2** は事実と逆。**4** は「地域紛争」ではなく税金逃れが原因なので不正解。

(3) 【質問訳】欧州諸国からモナコに引き寄せられた富裕住民は…　ANSWER **1**

【解説】The absence of a personal income tax in the Principality has attracted to it a considerable number of wealthy "tax refugee" residents from European countries という箇所に注目。つまり「税金難民」というわけで、正解は「税金を逃れるため」の **1**。**2** は目立つが、実は有名人より無名の事業家が多いとあるので、不正解。**3** は稼ぎの発生地がモナコではなく他国なので、不正解。**4** の「プロのギャンブラー」は関係ない。

(4) 【質問訳】次の記述のうち正しいのはどれですか？　ANSWER **4**

【解説】最後の underlining its lack of co-operation as regards to financial information disclosure という箇所に注目。「金融情報の公開に関する協力に欠ける」わけだから、正解は **4**。**1** は「感謝」ではなく実際は非難している。**2** は「非難」されている唯一の国とあるが、非難の対象はモナコだけではないので、不正解。**3** は「EU に加盟しろ」と要求している事実はないので、不正解。

訳 モナコ公国

リビエラの中心部に位置する小国家、モナコ公国は何度も批判の対象となっている。700 年以上ずっとこの極小君主制国家の元首であり続ける統治者一族グリマルディ家も同様だ。しかしながら、国民にとってはモナコが 21 世紀の民主主義に進んだと世界に伝えることが重要だ。

公国は独自の民主制と立法府を有する。大公の政府は議会と合意を取りながらこの小国を運営する。モナコは国際社会の一員で、欧州連合には加盟していないが、国連や欧州評議会で示された多くの欧州の法律や規制だけでなく国際法も遵守する。

しかし一般的には、モナコという名はカジノ、フォーミュラワン、贅沢なヨット、グレース・ケリー、そして海外のタックスヘイブン（租税回避地）と同義語のままだ。そしてモナコに向けられる非難の中心が難しい税金問題だ。

モナコは個人に所得税を課さない。この公国に個人所得税のないことが、収入の大半をモナコ国外の行為で引き出す欧州諸国の富裕「税金難民」をかなりの数引き寄せている。フォーミュラワンドライバーのような有名人がひとえに注目を集めるが、大多数はあまり有名でない事業家だ。

1998 年、経済協力開発機構（OECD）はタックスヘイブンの金融システムへの重大性に関する最初の報告書を発行した。モナコは 2004 年まではこの領域のリストに登場しなかったが、その後 OECD はモナコの状況に怒り、最新の報告書ではアンドラ、リヒテンシュタイン、リベリア、マーシャル諸島と並び金融情報の公開に関する協力の欠如を強調して、非難した。

押さえておきたい語句

monarch	元首	sovereign	君主
convey	伝える	legislative	立法の
in consensus with 〜	〜と合意しながら	synonymous	同義語の
outraged	立腹した	celebrity	有名人
underline	強調する	denounce	非難する

Column 2 目的語が不定詞か動名詞か

1. to 不定詞だけを目的語にとる動詞

agree, care, decide, fail, hope, learn, mean, offer, plan, pretend, refuse など。

They decided to leave early.
（彼らは早退することにした。）
The secretary offered to type those documents.
（秘書は、その文書をタイプする、と申し出た。）

2. 動名詞だけを目的語にとる動詞

admit, appreciate, avoid, consider, deny, enjoy, finish, (cannot) help, keep, postpone, practice, stop, suggest など。

She enjoyed drinking the wine.
（彼女はワインを飲むのを楽しんだ。）
I have never considered marrying her.
（私は、彼女と結婚するなんて考えたこともない。）

3. 注意を要する句動詞——後ろには動名詞または(代)名詞が来る

be accustomed to「〜に慣れている」　be interested in「〜に興味を持っている」
be opposed to「〜に反対している」　be used to「〜に慣れている」
decide on「〜について決める」　　　get through「〜を通す」
look forward to「〜を楽しみに待つ」　keep on「〜を続ける」
plan on「〜について計画する」　　　put off「〜を延期する」
think about「〜について考える」　　think of「〜について考える」　など。

He has been looking forward to meeting you.
（彼は、あなたと会うのを楽しみにしている。）
She is used to speaking in public.
（彼女は人前で話すことに慣れている。）

第3章

ライティングテスト

2nd Grade

ライティングテスト

指定された TOPIC について、80 〜 100 語で自分の意見とその意見を支える二つの理由を述べる英文を書きます。

TOPIC に加えて POINTS として理由を書く際のヒントが三つ提示されますが、この POINTS を自分の意見の理由として使うかどうかは自由です。また、使う場合も提示された語句をそのまま使う必要はありません。品詞を変えたり、類義語を使ったりすることも可能です。

解答時間の目安は 20 分で、採点は次の四つの観点で行われます。

● 内容：課題で求められている内容（意見とそれに沿った理由）が含まれているかどうか
● 構成：英文の構成や流れがわかりやすく論理的であるか
● 語彙：課題に相応しい語彙を正しく使えているか
● 文法：文構造のバリエーションがあり、それらを正しく使えているか

頻出 TOPIC

課題となる TOPIC のテーマは 'PEST'

TOPIC のテーマは 'PEST' に関わる問題です。'PEST' とは何か？ ——恐ろしい伝染病？ カミュの小説？ ——いえ、いえ、ここで言う PEST は「Politics（政治）、Economy（経済）、Society（社会）、Technology（技術）」の四つの頭文字を取ったものです。

具体的には
■ Politics：政治や法律、法改正に関する問題

■ Economy：経済成長や景気、価格変動など経済の動向や変化に関する問題

■ Society：人口構成や文化面でのライフスタイルに関する問題

■ Technology：技術の変化による影響がもたらす問題

各観点の攻略法

● 内容：課題で求められている内容（意見とそれに沿った理由）が含まれているかどうか

　TOPIC では、ある事象に対する賛否が問われます。英語でいえば pros and cons「賛否両論」です。要は debate「ディベート」を英作文で行うというわけです。ディベートでは、スピーチで賛否両論を論じ合いますが、賛否どちらを論じるかはコイントス等で決めます。つまり、どちらが正しいというものではなく、論理展開ができるかどうかがポイントとなります。ライティングテストは「英語で自分の意見を表明（作文）できるか」という試験であり、内容の正誤の問題ではないことを理解してください。

　英語で書きやすい意見を考えましょう。自分の本心と違ってもよいのです。二つの理由をもとに自分の意見を表明できる考えが浮かんだら、その立場にたって書き進めましょう。

　二つの理由は明確で説得力のあるものでなければなりません。例えば、理由を書く際に、単純に「安全だから」とか「効率的だから」ということだけではなく、安全なことがどういう影響を与えるのか、またどのくらい効率的なのかなどの具体例なども示します。

　TOPIC は、賛否の分かれる政治・経済・社会・技術に関するテーマが頻出で、20 語程度の英文で記されています。

　最重要ポイントは、賛否いずれにせよ、与えられた TOPIC に対して適切な意見表明ができているかどうかです。文法・語彙が正確な文章を書いても、TOPIC から脱線し、賛否がわからなければ得点になりません。問題文と TOPIC は慎重に読みましょう。

● 構成：英文の構成や流れがわかりやすく論理的であるか

　伝えたい情報の流れや展開を示す表現（接続詞など）を効果的に使い、自分の主張とそれを裏付ける理由や英文全体の構成を簡潔明解にすることがポイントです。

---

pros and cons「賛否両論」のどちらかを主張し、以下で示す論理展開で書いてください。
① 【自分の立場の表明（pros and cons のどちらか）】
② 【理由 1】
③ 【理由 1 の具体例】
④ 【理由 2】
⑤ 【理由 2 の具体例】
⑥ 【立場の再表明（最初とは表現を変えて）】

書き出しの表現

①【自分の立場の表明（pros and cons のどちらか）】

TOPIC に対する自分の意見（賛否）を述べます。（1文程度）

- ▶I think ...　　　　　（私は…だと思います）
- ▶I do not think ...　　（私は…ではないと思います）
- ▶In my opinion, ...　　（私の意見では、…）
- ▶I believe ...　　　　（私は…と確信しています）
- ▶We must ...　　　　（私たちは…しなければなりません）
- ▶People should ...　　（人々は…すべきです）

②【理由1】

意見を裏付けする一つめの理由を記します。（1文程度）

- ▶One reason is ...　　（理由の一つは…）
- ▶First, ...　　　　　（第一に、…）

③【理由1の具体例】

理由1の具体例あるいは補強となる事実を記します。（1〜2文程度）

- ▶such as ... ／ for example, ... ／ for instance, ...　（例えば…）
- ▶In my experience, ...　（私の経験では、…）

④【理由2】

二つめの理由を記します。（1文程度）

- ▶Also, ...　　　　　（また、…）
- ▶Second, ...　　　　（第二に、…）

⑤【理由2の具体例】

理由2の具体例あるいは補強となる事実を記します。（1〜2文程度）
書き出しの表現は、理由1と同じです。

⑥【立場の再表明（最初とは表現を変えて）】

締めくくりに【自分の立場の表明】を冒頭とは異なる英語表現で再度記します。（1文程度）

- ▶For these reasons, ...　（これらの理由で、…）
- ▶Therefore, ...　　　　（ですから、…）
- ▶As a result, ...　　　（結果として、…）

主張の根拠を示したうえで、冒頭とは別の表現で自分の意見をくり返して結論としましょう。例えば、冒頭で I think ... と始め、結論では I believe ... と記すと、根拠を示すことで自分の意見に対する自信が増したことを表すことができます。

●語彙：課題に相応しい語彙を正しく使えているか

正しいと自信のもてる単語、熟語を用いて書いてください。複雑な言い回しをする必要はありません。とにかく、誤ったスペル、誤った用法は避けることです。

また、同じ語彙や表現のくり返しは避け多様な語彙や表現を適切に使用して、自分の意見とその理由を存分に伝えましょう。

▶似たような意味で使い方が異なる語を混同して用いない

（例：between と among、amount と number、in と into、sit と set、lie と lay、rise と raise、learn と teach 等）

▶文頭の単語や固有名詞の語頭は大文字にする

▶ピリオド、コンマは正しく書く

▶和製カタカナ英語をそのまま英語表記しない

（例：モーニングコール、フリーダイヤル、ノートパソコン、コンセントを英語で表すとそれぞれ wake-up call、toll-free number、laptop computer、outlet となる）

▶日本語の単語をそのまま使う場合は、英語で説明を加える

（例：'seifuku', school uniforms, ...、'kimono', traditional Japanese clothes, ... という具合に引用符で日本語であることを示し、同格のコンマを用いて英語の説明を続ける。あるいは、OL, women who work for the company, ... と、関係代名詞を用いて内容を説明することもできる）

●文法：文構造のバリエーションがあり、それらを正しく使えているか

書き言葉として通用する文、文法に間違いがない文を書くようにします。また、同じような形の文のくり返しを避け、多様な文のパターンを駆使し、自分の主張とその理由に説得力を持たせます。

▶can't、don't 等の短縮形は用いず、cannot、do not と書きましょう。書き言葉では短縮形は使わないのが原則

▶時制は現在形に統一するのが基本

▶名詞とそれを指す代名詞の人称、数が一致しているか、動詞の三単現 s はついているか確認する

▶冠詞（a、an、the）を適切につけているか確認する

▶Why ...? と理由を聞かれた場合と違い、単独で主張するのに Because で始めない

答案の書き方

以下の例題を基に「答案の書き方」を具体的に示します。

例題
TOPIC

　Some people say high schools and universities should increase their online courses today. Do you agree with this opinion?

POINTS
- Flexibility
- Cost
- Communication

··

問題の訳

トピック

　高校や大学は、今やオンライン授業を増やすべきだという意見があります。あなたは、この意見に賛成ですか？

観点
- 柔軟性
- 費用
- コミュニケーション

　解答を記入する前に、日本語か英語の書きやすい方を選んで構成をまとめます。試験本番では問題用紙に付属している MEMO 欄を使うのがよいでしょう。

　まずは、TOPIC に対する自分の立場（賛否）の表明です。次に、その根拠となる理由を箇条書きにします。次に各理由について、補強する具体例や根拠を二つ記します（一つでもよいのですが、一つでは語数が足りない場合に対応したり、二つのうち作文が簡単な方を選んで書くことなどを想定しておきます）。メモを日本語で記す場合は、それを英語で表現できるかどうかも考えておく必要があります。

日本語でのメモ例

立場：教育のオンライン化に賛成
理由１： 授業を受ける環境に柔軟性がある
      補強：自宅で受講できる／自分のペースで受けられる

理由２：教育費削減
      補強：通学費なし／電子テキストは安い
結論：オンライン授業を増やすべき

  メモを書き終えたら、論理展開に矛盾がないかをチェックします。ここまでを、5分間ほどで済ませましょう。次に、このメモに沿って解答欄に英文を書きます。

構成の解説   書き出しの表現は126ページを参照。

  まずは「**自分の立場の表明**」です。

  Do you agree with this opinion? と聞かれても、Yes, I do. などと考える必要はありません。ここはメモ例で示した内容を用いて、例えば

    I think high schools and universities should increase their online courses.

とします。

  次は「**理由1**」です。「授業を受ける環境に柔軟性がある」を理由として挙げます。この「柔軟性」は、問題文にある POINTS の 'Flexibility' です。例えば

    One reason is the students can choose their own learning environment flexibly.

と記せばよいのです。ここでは Flexibility を flexibly と副詞にして使っています。

  次は「**理由1の具体例あるいは補強となる事実**」です。「自宅で受講できる」を具体例として挙げます。例えば

    For example, they can take their classes at home.

と記します。

  もう一つの補強「自分のペースで受けられる」は Also を用い、

    Also, they can <u>learn</u> at <u>their own pace</u>.

と記します。

  同じ表現のくり返しを避けるため、take their classes と learn を使い分けています。ここでは二つの補強を挙げていますが、一つにしても構いません。

次は「**理由2**」です。「教育費削減」を理由として挙げます。この「教育費削減」は、問題文にある POINTS の 'Cost' から浮かんだものです。例えば

Second, the students can reduce their education cost.

とします。

　続いて「**理由2の具体例あるいは補強となる事実**」として「通学費なし」を

For example, there is no cost for commuting.

と記します。

　もう一つの補強「電子テキストは安い」は And を用いて

And they can purchase digital textbooks that are cheaper than physical versions.

とします。

　最後は「**立場の再表明（最初とは表現を変えて）**」です。例えば

For these reasons, I believe high schools and universities should increase their online courses for their students.

冒頭の立場の表明で使った I think ... を、ここでは I believe ... と表現を替えて、学生のメリットを論じたので、末尾に for their students を加えています。

　以上計8文（最少で理由の補強を一つずつにした場合の6文）となります。目安は、「自分の立場の表明」で1文、「理由1」（具体例・補強含め）で計2～3文、「理由2」（具体例・補強含め）でも計2～3文、「立場の再表明」で1文、計6～8文です。この英文を書くのにかける時間は10分程度で済ませましょう。

　また、問題文にある POINTS を使うのは有効ですが、無理に使うことはありません。POINTS の単語そのままではなく、品詞を変えることもできます。（例：Flexibility ⇒ flexibly）

　例題に対する上記の解答例を整理すると、以下のようになります。

【自分の立場の表明（pros and cons のどちらか）】

　I think high schools and universities should increase their online courses.
　「私は、高校や大学はオンライン授業を増やすべきだと考えます」

【理由1】

　One reason is the students can choose their own learning environment flexibly.
　「理由の一つは、学生が柔軟に自身の学習環境を選ぶことができるからです」

【理由1の具体例】

For example, they can take their classes at home.
「例えば、自宅で授業を受けることができます」
Also, they can learn at their own pace.
「また、自分のペースで学習できます」

【理由2】

Second, the students can reduce their education cost.
「第二に、学生は教育費を削減できます」

【理由2の具体例】

For example, there is no cost for commuting.
「例えば、通学費がかかりません」
And they can purchase digital textbooks that are cheaper than physical versions.
「そして現物の教科書より安いデジタル版を購入することができます」

【立場の再表明（最初とは表現を変えて）】

For these reasons, I believe high schools and universities should increase their online courses for their students.
「このような理由から、私は、高校や大学は学生のためにオンライン授業を増やすべきだと確信します」

このように型に沿って意見を展開すれば、問題文の指示に従った構成の英作文ができます。

最後に、5分程度を使って見直します。見直しの際は、「各観点の攻略法」の語彙と文法の内容を参考にしてください。

また、語数の目安は 80 ～ 100 語と指示されていますが、数語超えても、解答欄の枠内に収まっていれば構いません。ですから、極端に余白が多くなければ無理して語数調整をする必要はありません。協会 WEB サイトの解答用紙サンプルを用いて、自分は一行に何語書けるか、解答欄の枠内に何行書けるかなどをあらかじめ確認しておくとよいでしょう。

※この例題は、テーマの分類では「Society（社会）」に属しますが、同じオンライン授業を問題にするにしても、感染症対策などで政府が学校にオンライン授業化を要求する場合は「Politics（政治）」の問題となり、解答の観点も変わります。

基本例文を覚えよう

　以下は解答文作成に使える汎用的な表現を用いた例文です。丸覚えしておけば、出題された TOPIC に関する語句に置き換えることで応用できます。

1 「この意見を支持する理由は二つあります」

2 「理由の一つは、学生が柔軟に自身の学習環境を選ぶことができるからです」

3 「第二に、学生は教育費を削減できます」

4 「例えば、自宅で授業を受けることができます」

5 「これは、学生が柔軟に自身の学習環境を選ぶことができるからだ」

6 「彼らは、授業を自宅で受けられるだけでなく、自分のペースで学ぶこともまたできます」

7 「原子力発電所をもっと建設する場合、問題をもたらすことがあります」

8 「このごろ、炭素排出が大きな問題になっています」

9 「このような事故の数は増えています」

10 「ほとんどの企業が従業員に在宅勤務を許しています」

11 「ますますこの意見に賛成する人が増えています」

12 「制限ということになると、ほとんどの人が反対するでしょう」

13 「それは大きな要素です」

14 「それは私自身の経験に基づいています」

15 「もし解決策があったならば、遠隔勤務はもっと人気があるだろう」

16 「私の考えにはたくさんの科学的裏付けがあります」

17 「それゆえ、学生が柔軟に自身の学習環境を選ぶことができます」

18 「その結果、多くの企業がそれを受け入れています」

19 「それが、オンライン学習が効率的だと確信する二つの主な理由です」

20 「結論としては、高校や大学は学生のためにオンライン授業を増やすべきです」

1 I have two reasons to support this opinion.

2 One reason is the students can choose their own learning environment flexibly.

3 Second, the students can reduce their education cost.

4 For example, they can take their classes at home.

5 This is because the students can choose their own learning environment flexibly.

6 They can not only take their classes at home but also learn at their own pace.

7 When we build more nuclear power plants, it can lead to problems.

8 These days, carbon emission has become a big problem.

9 The number of such accidents is increasing.

10 Most companies allow their employees to work from home.

11 More and more people agree with this opinion.

12 When it comes to the limitation, most people will be against it.

13 That is a big factor.

14 It is based on my own experience.

15 If there were a solution, remote working would be more popular.

16 My idea has a lot of scientific backing.

17 Therefore, the students can choose their own learning environment flexibly.

18 As a result, many companies accept it.

19 Those are the two main reasons that I believe learning online is effective.

20 In conclusion, high schools and universities should increase their online courses for their students.

テーマ別解説

以下 近年頻出の4分野の解説です。

■ Politics（政治）

政治や法律に関する問題

・法律、法改正　・規制緩和　・税制　・政治動向　・公的補助　など

　法律などで規制をかけるべきか否かといった出題が予想されます。規制によって人々の安全や健康が保証されるのが賛成論の根拠、その一方で自由が制限され、人が管理下に置かれる、経済効率が低下するなどが反対論の根拠となります。

　CO_2排出ゼロのような政府の目標もこの分野です。この場合地球温暖化対策になる、空気の清浄化などが賛成論、そして原子力発電が増えるというリスク、自動車会社に対する経営介入（ガソリン車販売禁止など）などが反対論の根拠になります。

注目語句

greenhouse gas emission
「温室効果ガス排出」
harmful gas「有害ガス」
public safety「公共の安全」
public transportation「公共交通機関」
freedom of press「報道の自由」
regulation「規制」
deregulation「規制撤廃」

trade control「貿易規制」
import restrictions（quality and quantity）
「輸入制限（質と量）」
personal data protection law
「個人データ保護法」
laws regulating environment pollution
「環境汚染を規制する法律」

■ Economy（経済）

経済成長や景気、経済成長率、価格変動など経済の動向や変化に関する問題

・景気動向　・物価、消費動向　・経済成長率　・企業動向　など

　在宅勤務、オンライン会議、自由競争で生じる格差拡大、終身雇用の終えんなどの出題が予想されます。効率化優先か対人関係等の社会性重視かといったことを根拠に持論を展開するとよいでしょう。

注目語句

local economy「地域経済」
business culture「企業風土」
career opportunity「就業機会」
employee「従業員」
corporate philosophy「企業理念」
growth rates「成長率」
interest rates「利率」

disposable income「可処分所得」
imported goods and services
「輸入商品とサービス」
product quality「製品の品質」
customer service「顧客サービス」
saving and investing「貯蓄と投資」

■ Society（社会）

人口構成や文化面でのライフスタイルに関する問題

・環境　　・流行　　・事件　　・少子高齢化　　・言語、教育、宗教　　など

　少子高齢化への対応、環境問題、教育問題など範囲は広く、ワークライフバランス、レジ袋の有料化、オンライン授業、生涯学習などが問われると予想されます。環境への意識が高まると気候変動を抑えられる、レジ袋はゴミ袋にも転用できて便利などという理由で賛否を論じることができます。

注目語句

air pollution「大気汚染」
global warming「地球温暖化」
climate change「気候変動」
rainwater「雨水」
health consciousness
　　　　　　　　「健康に関する意識」
education level「教育水準」
safety「安全」

lifestyle「生活様式」
buying habit「購買習慣」
religion and beliefs「宗教と信仰」
ecological products「エコ製品」
renewable energy
　　　　　　　　「再生可能エネルギー」
population growth rate「人口増加率」
life expectancy「平均寿命」

■ Technology（技術）

技術の変化による影響がもたらす問題

・IT　　・研究開発　　・自動化　　など

　技術による効率化を優先するか、高齢者に多い IT 機器に不慣れな人に対する配慮はどうするべきかといった論点を提示できます。

注目語句

device「装置」
electronic device「電子機器」
research and development「研究開発」
communication infrastructure
　　　　　　　　「通信インフラ」

Internet infrastructure and penetration
　　　　　　　　「インターネット基盤と普及」
digital divide「情報格差」

　これらのテーマに関するニュースは、よく報道されていて、新聞・TV ニュース（日本語版で OK です）などを通じて知識を増やすことができます。このようなメディアの情報から記者やコメンテーターなどの様々な意見を見聞きし、それらに対して自分は賛成か反対か、またその理由は何かなどを、よく考えておきましょう。このように準備しておくことで、英作文のときにまようことなく述べられるようになります。

ライティングテスト

●以下の TOPIC について、あなたの意見とその理由を 2 つ書きなさい。
● POINTS は理由を書く際の参考となる観点を示したものです。ただし、これら以外の観点から理由を書いてもかまいません。
●語数の目安は 80 語～ 100 語です。

TOPIC

As interest in e-books keeps growing, e-book readers' selection is increasing. Do you think traditional paperback books will be replaced by e-books?

POINTS

- Price
- Device
- Place

問題の意味

トピック

電子書籍への興味が増すにつれて、電子書籍機器の品揃えも増えています。あなたは昔ながらの紙の本が電子書籍に取って代わられると思いますか?

観点
- 価格
- 装置
- 場所

文章構成を考える

(1) 意見の明示

〔例〕私は紙の本と電子書籍は両方とも使われると考えます。

→ I think both paperback books and e-books will be used.

(2) 意見の理由

〔例〕・価格はインクや紙、物理的輸送(physical transportation)が必要ないので、電子書籍の方が安い(less expensive)。

・しかし、電子書籍を利用するには読書用装置(a reading device)を購

入する必要がある。
- 電子書籍装置は小さいので、満員電車 (a jammed train) でも利用できる。
- しかし、明るい机に座って読むなら紙の本の方がよい。

（3）**結論**
　〔例〕これが、私が紙の本と電子書籍は両方とも使われると信じる理由です。
　　　 → These are reasons why I believe both paperback books and e-books will be used.

解答例

　I think both paperback books and e-books will be used. First, there is a price problem. E-books are less expensive than paperback books, because ink, paper and physical transportation are not needed. But you need to buy a reading device to use e-books. Second, there is a problem of a place. E-book readers are small, so you can enjoy reading books in a jammed train. But when you read books sitting at a bright desk, paperback books would be better. These are reasons why I believe both paperback books and e-books will be used.（94 語）

解答例の訳

　私は、紙の本と電子書籍は両方とも使われると考えます。第一に、価格の問題があります。電子書籍はインク、紙、物理的輸送が必要ないので、紙の本よりも安価です。しかし、電子書籍を使うには読書用装置を買う必要があります。次に、場所の問題があります。電子書籍装置は小さいので、満員電車でも読書を楽しめます。しかし、明るい机に座って読書するときには紙の本の方がよいでしょう。私が紙の本と電子書籍は両方とも使われると信じる理由は以上です。

ワンポイントアドバイス

紙の本のデメリットとして：①重すぎることがある（sometimes too heavy）　②文字の大きさが変えられない（the fixed size of the font）なども挙げられます。
電子書籍のデメリットとして：①ダウンロードしたものが消されるおそれがある（everything you downloaded could be erased）　②バッテリー切れ（a dead battery）を起こすことがあるなども考えられます。
　解答例では紙の本と電子書籍は共存するという考え方でしたが、どちらかのデメリットだけを挙げ、紙の本が電子書籍に取って代わられるか否かを明確にしても OK です。その場合、取って代わられると思うなら‘Yes,’で、逆の立場なら‘No,’で始め、考えと理由を述べればよいでしょう。

●以下の TOPIC について、あなたの意見とその理由を 2 つ書きなさい。
● POINTS は理由を書く際の参考となる観点を示したものです。ただ
し、これら以外の観点から理由を書いてもかまいません。
●語数の目安は 80 語〜 100 語です。

TOPIC

Robots have been associated with automation and assembly lines, but recently they become more intelligent and adaptive. Do you expect to see robots taking on more tasks?

POINTS
• Role
• Value
• Potential

問題の意味

トピック

ロボットは自動化や組み立てラインと結びつけられてきましたが、最近ではより知的で順応性を増しています。あなたはロボットがもっと多くの仕事を引き受けることを期待しますか？

観点
• 役割
• 価値
• 可能性

文章構成を考える

（1）意見の明示
　　〔例〕はい、私はロボットがもっと多くの仕事を引き受けることを期待します。
　　　→ Yes, I expect to see robots taking on more tasks.

（2）意見の理由
　　〔例〕• 医療介護、製造業など（areas like healthcare and manufacturing）ロボットに向いている（be suited for performing tasks）仕事分野がある。
　　　　　• 型にはまった仕事（routine jobs）をロボットがこなせば効率化が進む（increase efficiency）。
　　　　　• ロボットの能力が増し（become more capable）、人間と対話する（interact with humans）ようになればもっと複雑な仕事もできる。

- 自動化の拡大（increased automation）により生活の質（quality of life）が改善される。

(3) 結論

〔例〕これが、ロボットがより多くの仕事を引き受けるのを期待する理由です。

→ These are reasons why I expect to see robots taking on more tasks.

解答例

Yes, I expect to see robots taking on more tasks. First, I believe robots could play more important roles in various sectors. For example, robots are suited for performing tasks in areas like healthcare and manufacturing. If robots perform more routine jobs in those areas, we can increase efficiency and create the economic value. Second, robots have potential in the future. If robots become more capable of interacting with humans, they can handle more complex jobs. Increased automation improves our quality of life. These are reasons why I expect to see robots taking on more tasks.（96 語）

解答例の訳

はい、私はロボットがもっと多くの仕事を引き受けることを期待します。第一に、ロボットは様々な分野でより重要な役割を果たせると信じるからです。例えば、ロボットは医療介護や製造業のような分野で仕事をこなすのに向いています。ロボットがそのような分野でより多くの型にはまった仕事をこなせば、効率性が増し、経済的価値が創出されます。次に、ロボットには将来の可能性があります。ロボットが人間と対話する能力をもっと持つようになれば、より複雑な仕事もこなせます。自動化が進めば私たちの生活の質も改善されます。私がロボットにもっと多くの仕事を引き受けるよう期待する理由は以上です。

ワンポイントアドバイス

期待しない立場を取るなら 'No, I do not expect.' で始め：①ロボットは故障することがある（break down）　②あまりロボットに頼りすぎると（rely too much on robots）　職場から人間が追い出される（be pushed out from workplace）　③人間が怠け者になる（get lazy）　④人間が自分で考えられなくなる（loose our ability to think by ourselves）などの理由を挙げます。

解答例では POINTS の Potential を肯定的に使いましたが、the potential danger「潜在的な危険性」として、ロボットは機械なので制御できなくなる（get out of control）こともあるなどとロボット否定論を展開するのも OK です。

ライティングテスト

●以下の TOPIC について、あなたの意見とその理由を 2 つ書きなさい。
● POINTS は理由を書く際の参考となる観点を示したものです。ただ
し、これら以外の観点から理由を書いてもかまいません。
●語数の目安は 80 語〜 100 語です。

TOPIC

The numbers of shoppers ordering things online is elevating. Which kind of shopping do you do more, online shopping or going to the stores?

POINTS

• Time
• Price
• Restriction

問題の意味

トピック
インターネットを通じて商品を購入する人が急速に増えています。オンラインショッピングと店舗に行くのと、あなたの買い物はどちらの方が多いですか。

観点
• 時間
• 価格
• 制約

文章構成を考える

(1) 回答の明示
　　〔例〕私はオンラインで買い物する方が多い。
　　　　→ I shop online more.

(2) 回答の理由
　　〔例〕• 最もよい価格を見つけ（find the best price）、品物を買う（buy the item）ことが速くできる。
　　　　• 店の行き来に時間がかからない（it takes no time to and from the store）。

- 年中いつでも（7 days a week and 365 days）1 日 24 時間（24 hours a day）買い物ができる。
- 人目を気にする（care about the public eye）必要はなく、内密に（privately）買い物ができる。

(3) 結論
　〔例〕これが、私のオンラインで買い物する方が多い理由です。
　　　→ These are reasons why I shop online more.

解答例

　I shop online more. First, it takes less time. Online shopping makes me find the best price and buy the item so much faster. And it takes no time to and from the store. Also, they deliver items to my door. Second, online shopping is under fewer restrictions. I can shop online 24 hours a day, 7 days a week and 365 days. And I do not need to care about the public eye. My shopping is done privately with just a few clicks. These are reasons why I shop online more.（92 語）

解答例の訳

　私はオンラインで買い物する方が多いです。第一に、かける時間が少なくてすみます。オンラインショッピングは、最もよい価格を見つけ、品物を買うのをはるかに速くしてくれます。そして店への行き来の時間はなしですみます。また、家まで品物を配達してくれます。次に、オンラインショッピングは制約が少ない。1 年中毎日 24 時間オンラインで買い物ができます。そして人目を気にする必要もありません。自分の買い物は数度のクリックで内密に終わります。私のオンラインで買い物する方が多い理由は以上です。

ワンポイントアドバイス

店舗に行って買い物するメリットとして：①販売担当の店員に直接質問できる（can ask the salesclerk directly）　②実在する場所の方が信頼できる（can trust a physical location more）　③商品を直接触って確かめられる（can touch and try on the product）などから 2 つを挙げ、店舗に行って買い物する方が好きという論を展開しても OK です。

●以下の TOPIC について、あなたの意見とその理由を 2 つ書きなさい。
● POINTS は理由を書く際の参考となる観点を示したものです。ただ
  し、これら以外の観点から理由を書いてもかまいません。
●語数の目安は 80 語〜 100 語です。

TOPIC

　Electronic money is becoming more and more popular. Which do
you like better, paying with electronic money or traditional cash?

POINTS

- Convenience
- Security
- Check

問題の意味

トピック

　電子マネーがますます一般的になっています。あなたは電子マネーで支払うの
と従来の現金で支払うのとどちらが好きですか？

観点
- 利便性
- 安全性
- 管理

文章構成を考える

(1) 回答の明示
　　〔例〕私は電子マネーで支払う方が好きです。
　　　　→ I like paying with electronic money better.

(2) 回答の理由
　　〔例〕• 現金なしの支払いは安全かつ確実に（safely and reliably）実行される
　　　　　　（be carried out）。
　　　　• 支払い時に小銭をやりとりする面倒（bother associated with small
　　　　　change during payment）も排除する（eliminate）ことができる。
　　　　• 出費についていちいち書き留め（write down all the expenses）なくて
　　　　　も電子マネーにはどの店でいくら使ったかを示すすべての記録がある
　　　　　（contains all the records indicating the stores and the amount I spent）。

- そしていつでも必要なときにそれをチェックできる（I can check them anytime I want）。

（3）結論

〔例〕これが、私が電子マネーで支払う方が好きな理由です。

→ These are reasons why I like paying with electronic money better.

解答例

I like paying with electronic money better. First, cashless payment is a great convenience. And I believe this payment is carried out safely and reliably. Then it can eliminate bother associated with small change during payment. Second, it makes check on my expenses easy. Electronic money contains all the records indicating the stores and the amount I spent. And I can check them anytime I want. So I do not need to write down all the expenses. These are reasons why I like paying with electronic money better.（88 語）

解答例の訳

私は、電子マネーで支払う方が好きです。第一に、現金なしの支払いはとても便利です。そして私は、この支払いが安全で確実に行われるとわかっています。それから支払い時の小銭に関する面倒を排除できます。次に、出費管理が簡単になります。電子マネーは、どの店でいくら使ったかわかる記録を持っています。そして必要なときにいつでもそれをチェックできます。だから、すべての出費を書き留める必要はありません。私が電子マネーで支払う方が好きな理由は以上です。

ワンポイントアドバイス

電子マネーのデメリットとして：①チャージできる金額に制限がある（has its limits regarding the maximum amount I can charge）　②個人データ（personal data）の安全性問題（security problem）　③残高がどれくらいあるかわかりにくい（hard to confirm the balance）などを挙げ、そのような制約（restriction）のない現金支払いの方が好きという論を展開しても OK です。

●以下の TOPIC について、あなたの意見とその理由を 2 つ書きなさい。

● POINTS は理由を書く際の参考となる観点を示したものです。ただし、これら以外の観点から理由を書いてもかまいません。

●語数の目安は 80 語〜 100 語です。

TOPIC

There is pros and cons for both sides of working alone and working in a group. Which do you like better?

POINTS

• Speedup
• Efficiency
• Fun

問題の意味

トピック

一人で作業するのとグループで作業するのはどちらも賛否両論あります。あなたはどちらが好きですか？

観点
• 迅速化
• 効率
• 楽しみ

文章構成を考える

(1) 回答の明示

〔例〕私はグループで作業をする方が好きです。

→ I like working in a group better.

(2) 回答の理由

〔例〕• グループなら作業を分担する（share the work）ことができ、一人ひとりの作業が少なくてすむ（each person does less work）。

• 得意分野が異なる（be good at doing different things）メンバーが各得意分野を割り振られれば（be assigned）効率的に進める（do it

efficiently）ことができる。
- そうすれば迅速化を達成する（achieve a speedup）ことができる。
- 作業終了時には一緒に祝う（celebrate together）ことができる。

（3）**結論**

　〔例〕これが、私がグループで作業をする方が好きな理由です。

　　→ These are reasons why I like working in a group better.

解答例

　I like working in a group better. First, we can finish the work faster. When we work in a group, we share the work. That means each members does less work. And I think each of us is good at doing different things. So if they are assigned to what they are good at, they can do it efficiently and achieve a speedup. Second, working in a group is more fun. After we are through the work, we can celebrate together. These are reasons why I like working on tasks in a group better.（94 語）

解答例の訳

　私は、グループで作業をする方が好きです。第一に、速く終わらせることができます。グループで作業するとき、作業を分担します。それは各人の作業が少なくなるということです。それに各メンバーの得意なことは違うと思います。だから得意なことを割り振れば、効率的に進めることができて迅速化が達成できます。次に、グループ作業の方が楽しいからです。やり終わった後、一緒に祝うことができます。私がグループで課題作業をする方が好きな理由は以上です。

ワンポイントアドバイス

グループで取り組むデメリットとして：①メンバーをまとめるのが難しい（be difficult to lead members of the group）　②議論に余分な時間がかかる（take extra time consuming for a debate）　③誰を信頼すればいいか悩む（worry about who gets the credit）などを挙げ、そのような葛藤（conflict）が決定には非効率（inefficiency in decisions）なので、一人の方が速く進むという論を展開しても OK です。

●以下の TOPIC について、あなたの意見とその理由を 2 つ書きなさい。
● POINTS は理由を書く際の参考となる観点を示したものです。ただ
し、これら以外の観点から理由を書いてもかまいません。
●語数の目安は 80 語〜 100 語です。

TOPIC

Let's talk about city life and country life. Which one do you like better?

POINTS

- Fun
- Convenience
- Comfortability

問題の意味

トピック

都会生活と田舎暮らしについて語りましょう。あなたはどちらの方が好きですか？

観点
- 楽しみ
- 便利さ
- 快適さ

文章構成を考える

(1) 回答の明示

　〔例〕私は都会生活の方が好きです。
　　　　→ I like city life better.

(2) 回答の理由

　〔例〕• 行く所がたくさんあり（many places to go）、やることもバラエティ
　　　　　に富んでいる（a variety of things to do）。
　　　　• 楽しみと刺激の例を挙げる（restaurants, shops, cafes, museums/
　　　　　seeing movies, shopping, watching sports games, etc.）。
　　　　• 店は遅くまで営業している（shops are open late）ので、時を選ばず
　　　　　ほとんど何でも買う（buy almost anything at any time）ことができる。
　　　　• 公共交通機関（public transportation system）も充実している。

(3) 結論

　〔例〕これが、私が都会生活の方が好きな理由です。

　　　→ These are reasons why I like city life better.

解答例

　I like city life better. First, city life is more fun and exciting. There are many places to go in the city. I can visit restaurants, shops, cafes, and museums. There is also a variety of things to do, such as seeing movies, shopping, and watching sports games. Second, city life is more convenient. Shops are open late, so I can buy almost anything at any time. And the city has the best public transportation system. So I believe life is so much more interesting and comfortable. These are reasons why I like city life better. (96 語)

解答例の訳

　私は、都会生活の方が好きです。第一に、都会生活の方が楽しく、わくわくします。都会には行く所がたくさんあります。レストランや店舗、カフェ、美術館を訪れることができます。映画を見たり、買い物をしたり、スポーツの試合を観戦したりというふうに、やることもバラエティに富んでいます。第二に、都会生活はより便利です。店舗が遅くまで開いているので、いつでもほとんど何でも買うことができます。そして都会には最高の公共交通機関があります。だから私は生活がはるかにおもしろく快適だと思います。私が都会生活の方が好きな理由は以上です。

ワンポイントアドバイス

田舎暮らしのメリットとして：①自然が豊かである（have rich nature）②生活費が安い（the cost of living is low）③静かな環境でストレスが少ない（reduce stress in quiet environment）などから2つを挙げ、田舎暮らしの方が好きという論を展開しても OK です。

　また、どちらの場合も、自分は都会あるいは地方で育った（I grew up in the city [country]）ので、その生活になじみがある（I'm familiar with city [country] life）という理由を挙げてもよいでしょう。

Column 3 　誤りやすい表現

　ライティングテストでは、語彙の正確さが問われますが、英語表現の中には混同しやすい単語があります。

　以下は誤りやすい単語カップルの例です。混同しないように注意しましょう。

1. formally と formerly

formally は「形式ばって」という意味で、言い換えれば **in a formal way** となります。

> **The party was conducted very formally.**
> 「そのパーティーはたいへん格式ばって行われました」

formerly は「以前に」という意味で、言い換えれば **previously** となります。

> **Jackie was formerly a member of the drama club.**
> 「ジャッキーは以前その演劇クラブの一員でした」

2. most と almost

most は「ほとんどの」という意味の形容詞で名詞を修飾する語です。

> **Most people like curry in Japan.**
> 「日本では、ほとんどの人がカレー好きです」（名詞 people を修飾）

almost は副詞で動詞・形容詞・他の副詞を修飾する語です。

> **Almost all the students are here.**
> 「ほとんどすべての生徒がここにいます」（形容詞 all を修飾）

> **He almost won the game.**
> 「彼は、試合にほとんど勝ちそうでした(惜敗しました)」（動詞 won を修飾）

> **This hotel is almost completely empty.**
> 「このホテルはほとんどがら空きです」（副詞 completely を修飾）

3. principal と principle

principal は「主な、重要な」という意味の形容詞、あるいは「筆頭者（校長、社長など）」という意味の名詞です。形容詞の場合言い換えれば **chief** あるいは **very important** となります。名詞の場合言い換えれば **chief official** です。

> **The principal reason for his success was his own effort.**
> 「彼の成功の主な理由は、自身の努力でした」（形容詞の場合）

> **He wants to talk to the principal of the school.**
> 「彼は校長先生と話したいと思っています」（名詞の場合）

principle は「原理、公理」という意味の名詞です。言い換えれば **fundamental truth** となります。

> **He is studying the principles of accounting.**
> 「彼は経理の原則を勉強しています」

第4章

リスニング問題

2nd Grade

リスニング問題

　85分間の筆記試験が終わったら、約25分間のリスニングテストに移ります。ここでは、会場に設置されたスピーカーから流れる「ネイティブスピーカーによる録音放送」に沿って解答します。計30問、聴解力を試されます。

　リスニングテストは2部構成で、会話の内容一致選択問題（第1部）と、文の内容一致選択問題（第2部）から成ります。

● 第1部　会話の内容一致選択問題…友だち同士や、店員と客など人物二人の対話と、その内容に関する質問が英語で放送されます。問題用紙にある四つの解答の候補から、質問に対する答えを選びます。解答時間は1問あたり10秒です。対話と質問は一度だけ読まれます。全部で15問あります。

● 第2部　文の内容一致選択問題…文章のナレーションと、その内容に関する質問が英語で放送され、第1部と同じ手順で解答していきます。英文と質問は一度だけ読まれます。ショートエッセー、広告、機内アナウンスなど、幅広いジャンルから出題され、全部で15問あります。

Point 1
選択肢を先に読み質問を予測する

　各問題の選択肢は問題用紙に記載されています。これらを、問題文が放送される前に読みましょう。

　質問の形式は5W1H（Who：誰が、When：いつ、Where：どこで、What：何を、Why：なぜ、How：どのように）が多くを占めるので、選択肢を読めば質問も、ある程度予測できます。聞いているうちに、答えの見当もついてくるはずです。

Point 2
メモを取って活用する

　放送を聞きながらメモを取ることは許されているので、放送内容と照合しながら選択肢に○、×などと簡単な符号をつけて正解候補を絞っていくとよいでしょう。放送内容のポイントをメモ（日本語でもOK）して活用することもできます。

Point 3
会話の問題は最後のせりふに集中する

　会話の内容一致選択問題では、たいてい、「最後に何を言うか」がポイントになるので、特に要注意です。

Point 4
リスニング力強化① アクセントを把握する

　日ごろからリスニングの訓練をしておくことが、地道で最も重要です。幸い、近年は音声教材が充実しています。ただ、「楽してできる」を謳い文句に次々と発売されている商品で目標を達成できた人は、少ないのが実態です。

　「音声を流しておくだけ」などと宣伝する商品も出回っています。そんなことで聞き取れるようになれば苦労しません。「赤ちゃんは聞いているだけで言葉を習得する」などと言われると、納得しそうになりますが、音声を流しているだけで英語が「ある日、突然聞き取れるようになった」人のことなど、寡聞にして存じません。逆に、英語は「日本語とは周波数が違うから日本人には聞き取れない」との説もありますが、努力すれば必ず聞き取れるようになります。

　周波数ではなくアクセントが一番の問題です。日本語の標準語と関西弁の大きな違いもアクセントです。一方の話し手が他方の言葉を習得しようとするときのことを思えば、アクセントを正しく把握することがいかに重要かがわかるでしょう。

Point 5
リスニング力強化② 英語を聞く習慣をつける

　最低でも1日15分〜20分は集中して英語を聞いてください。それを毎日の習慣にすれば、リスニング力は必ずアップします。NHKラジオの英語講座を毎日聞くのが最も有効です。英会話の入門レベルから中級、上級へと進んでいくとよいでしょう。

Point 6
リスニング力強化③ 雑読する

　長文問題同様、リスニング問題も得意分野であれば（特に第2部は）聞き取りが容易になります。得意分野を増やすには、とにかく何でも読むことです。美術館を訪れたら配布チラシを読む。家電製品を買ったら取扱い説明書を読む。また小説（特に英米文学の翻訳）は文化的知識の習得におおいに役立ちます。

　日本語で書かれたものでもかまいません。日本語で得意分野を増やせば、聞き取れる英語もしぜんと増えてきます。まずは母国語である日本語のレベルを高めましょう。実際にネイティブスピーカーと会話するにも話題が必要です。話せる、そして聞ける話題を増やすためにも、まずは何でも読みましょう。

対話を聞き、その質問に対して最も適切なものを **1**、**2**、**3**、**4** の中から一つ選びなさい。

No. 1
TR-3

1 His tooth hurt.
2 His dentist did not see him.
3 He heard it is not exciting.
4 He has lost interest in the movie.

No. 2
TR-4

1 It does not have refrigerators anymore.
2 It opened this week.
3 It is having its anniversary sale.
4 It ended the bargain sale last week.

No. 3
TR-5

1 The restaurant had poor service before.
2 The restaurant is not popular.
3 The server didn't give them water.
4 The server is very busy.

No. 4
TR-6

1 Her order was not processed.
2 Her problem was resolved.
3 She wants to be hired.
4 She wants to change her order.

Point

- 選択肢を先に読み質問（5W1H）を予測しよう。
- 放送を聞きながら選択肢に〇、×をつけて絞り込もう。
- 選択肢と同じ意味で違う表現に注意しよう。

No.5 🔊 TR - 7

1 Wait for Jeff to call.
2 Send the information of the party.
3 Go to the party with her friend.
4 Call Jeff back.

No.6 🔊 TR - 8

1 He is not a member of Brody Inc. now.
2 He decided to stay in the company.
3 He was not paid enough.
4 He is busy finding a new job.

No.7 🔊 TR - 9

1 Look around the souvenir shops.
2 Visit Diamond Lake.
3 Take a tour of the lake.
4 Go bird-watching in the forest.

No.8 🔊 TR - 10

1 Anne did not meet him on time.
2 Anne did not like the amusement park.
3 The amusement park was closed.
4 The amusement park was filled with people.

No. 1 🔊 TR-3

A: Donald, how was the movie you saw yesterday? I heard it's very exciting.

B: Unfortunately, I couldn't go to the theater.　Suddenly I had a bad toothache.

A: I'm sorry to hear that. Are you OK now?

B: I saw the dentist instead of the movie. Then I got some relief.

Question: Why didn't Donald go to the theater?

A: ドナルド、昨日見た映画はどうだった？ すごくエキサイティングだって聞いたけど。

B: 残念なことに、映画館に行けなかったんだ。急にひどい歯痛になったので。

A: それは残念ね。今は大丈夫なの？

B: 映画の代わりに歯医者に診てもらった。それから楽になった。

質問： なぜドナルドは映画館に行かなかったのですか？

選択肢の訳
1 彼の歯が痛んだから。　　　　2 歯医者が彼を診なかったから。
3 それはエキサイティングではないと聞いたから。
4 彼はその映画に興味がなくなったから。

解説 急な歯痛が原因だから、**1** が正解。会話では I had a bad toothache だが、選択肢では His tooth を主語にして動詞 hurt を用いている。

ANSWER
1

No. 2 🔊 TR-4

A: Welcome to Winnie's Appliance Store. How can I help you?

B: Well, I know this week is your anniversary sale. I'm looking for a refrigerator.

A: You need not look any further. Here are some bargains.

B: That sounds good. I'll check to see if one of these matches my desire.

Question: What does the man say about the store?

A: ウィニー電器店へようこそ。いらっしゃいませ。

B: ええ、今週は年に一度のセールですよね。冷蔵庫を探しているのです。

A: もう探す必要はないでしょう。ここにお買い得品がいくつかあります。

B: よさそうですね。どれか希望に合うものがあるかどうか見てみます。

質問： その店について男性は何と言っていますか？

選択肢の訳
1 もう冷蔵庫はない。　　　　2 それは今週開店した。
3 年に一度のセールをしているところだ。
4 先週バーゲンセールは終わった。

解説 this week is your anniversary sale と知っていると言っているので、**3** が正解。今週がセール期間中だから、先週終わってはいないし、開店セールとは言っていない。店内にある冷蔵庫を見てみるとも言っている。anniversary「年に一度の、毎年恒例の」

ANSWER
3

No. 3 🔊 TR-5

A: George, the service here is poor. What do you think?

B: I agree. Our server didn't even give us water and has disappeared.

A: I remember this restaurant had good service before.

B: It's a shame. I don't think we'll dine here again.

Question: What is one reason George agree with the woman?

A: ジョージ、ここのサービスは悪いわね。あなたはどう思う？

B: 同感だね。給仕係は水も持ってこずに消えてしまったよ。

A: このレストランは以前はサービスがよかったのを覚えているわ。

B: 残念だね。二度とここで食事することはないだろうね。

質問: ジョージが女性に同意する理由の一つは何ですか？

選択肢の訳

1 そのレストランは以前サービスが悪かった。
2 そのレストランは人気がない。
3 給仕係が水を持ってこなかった。
4 給仕係が非常に忙しい。

解説 I agree. と同意を表明した後、具体例として「給仕係が水も持ってこずに消えてしまった」ことを挙げている。これに合致するのは「水を持ってこなかった」の **3**。以前はサービスがよかったから **1** は反対。**2**、**4** の内容には会話で触れていない。it's a shame「残念だ」 dine「食事する」

ANSWER
3

No. 4 🔊 TR-6

A: Hello. Madison Trading Company.

B: Hi. This is Alice Howard. I'd like to amend an online order that I just placed.

A: No problem. Do you have the order number?

B: Let's see. Here it is! Are you ready to input the number?

Question: Why is Alice Howard calling the trading company?

A: もしもし。マディソン商事です。

B: もしもし。こちらはアリス・ハワードです。今やったばかりのオンライン注文を修正したいのですが。

A: 問題ありません。注文番号はお持ちですか？

B: ええっと。ありました！ 番号入力の準備はいいですか。

質問: なぜアリス・ハワードは商事会社に電話しているのですか？

選択肢の訳

1 彼女の注文が処理されなかったから。
2 彼女の問題が解決したから。
3 彼女は雇ってほしいから。
4 彼女は注文を変更したいから。

解説 会話の amend「修正する」と **4** の change が同じ意味なので、正解は **4**。process「処理する」 place an order「注文を出す」

ANSWER
4

No.5 🔊 TR-7

A: Hello?	**A:** もしもし。
B: Hi, this is Jeff Pearson. How's it going, Katie?	**B:** もしもし、ジェフ・ピアソンです。調子はどうだい、ケイティ？
A: You called at the right time. Actually, I planned to go to the party with my friend tomorrow. But he just called to tell me he became unable to go there. Are you interested in this party?	**A:** いいときにかけてきたわ。実は、友だちと明日、例のパーティーに行く計画だったの。だけど、彼から行けなくなったという電話があったところなの。このパーティーに興味ある？
B: Yes! Could you text me the detail?	**B:** あるとも！　携帯メールで詳細を送ってもらえる？
Question: What will Katie do when they finish this conversation?	**質問：** この会話を終えたらケイティは何をするでしょうか？

選択肢の訳　**1** ジェフの電話を待つ。　**2** パーティーの情報を送る。
　　　　　　3 友だちとパーティーに行く。　**4** ジェフに電話をかけ直す。

解説　ジェフは the detail「詳細」を text「携帯メールで送る」よう頼んでいる。つまりパーティーの情報を送るということで正解は**2**。電話をかけたりかけられたりでの情報交換はしない。

ANSWER
2

No.6 🔊 TR-8

A: Are you still with Brody Inc.?	**A:** まだブロディ社にいるの？
B: Actually, no. I quit that job and I think that is right.	**B:** 実は、違うんだ。あの仕事はやめて、それは正解だと思っている。
A: Do you really think so, Stan? I heard things are turning around in the company.	**A:** ほんとうにそう思っているの、スタン？あの会社は状況が好転していると聞いたわ。
B: I never regret my decision. I wanted to make a fresh start.	**B:** 自分の決断を後悔することは絶対にないよ。再出発したかったのでね。
Question: What is one thing we learn about the man?	**質問：** 男性について一つわかることは何ですか？

選択肢の訳　**1** 彼は今ブロディ社の社員ではない。　　**2** 彼は会社に残ろうと決めた。
　　　　　　3 彼は給料を十分にもらっていなかった。
　　　　　　4 彼は新しい仕事を見つけるのに忙しい。

解説　「まだブロディ社にいるの？」に no と答え、「あの仕事はやめた」とも言っているので、**1** が正解。**2** は事実と逆で、**3**、**4** については触れていない。be with ～「～（という会社に）勤めている」 turn around「好転する」

ANSWER
1

No.7 🔊 TR-9

A: Darling, we enjoyed bird-watching today. What should we do tomorrow?

B: Well, I can't decide. Do you have any plans?

A: How about taking a tour around Diamond Lake? We can get a close-up view of wildlife in the forest there. And walking along the shoreline will relax us.

B: But the weather forecast said it would rain tomorrow. Let's pass on the tour tomorrow and check out the gift shops, shall we? It was decided.

Question: What will the man and woman do tomorrow?

A: あなた、今日のバードウォッチングは楽しかったわね。明日は何をしましょうか。

B: うーん、決められないな。何か計画はある？

A: ダイヤモンド湖巡りのツアーはどうかしら？ そこでは森林の野生動物を間近で見ることができるわ。湖岸を歩くのはくつろげるし。

B: だけど、天気予報によれば明日は雨だよ。明日はツアーは見送って土産物店を見て回ることにしようよ。決めた。

質問：男性と女性は明日何をするでしょうか？

第4章 会話の内容一致選択 A

選択肢の訳　1　土産物店を見て回る。　　2　ダイヤモンド湖を訪れる。
　　　　　　3　湖のツアーに参加する。　　4　森林でのバードウォッチングに行く。

ANSWER 1

解説　湖のツアーは見送り。バードウォッチングは今日。明日は **1** が正解。

No.8 🔊 TR-10

A: You went out with Anne today. How was your date?

B: Not so good, Mom. We went to the amusement park. But the line was really long to wait for turn when using any attraction.

A: I'm not surprised. I know it is always crowded.

B: Today is a weekday. But it was especially crowded due to the foreign tourists.

Question: What was the man's problem?

A: 今日はアンとデートだったわね。どうだった？

B: あまりよくなかったよ、母さん。遊園地に行ったんだけど、どのアトラクションを利用するにも順番待ちの行列がほんとうに長かったよ。

A: 驚くことじゃないわ。いつも混んでるのはわかっているもの。

B: 今日は平日だよ。けど、外国人観光客のせいで特に混んでたんだ。

質問：男性の問題は何でしたか？

選択肢の訳　1　アンが時間通りに来なかった。　2　アンが遊園地を好きでなかった。
　　　　　　3　遊園地が閉まっていた。　　　　4　遊園地が人でいっぱいだった。

ANSWER 4

解説　アンに原因はないので、**1**、**2** は違う。crowded と filled with people は同じ意味なので、正解は **4**。due to ～「～が原因（理由）で」

対話を聞き、その質問に対して最も適切なものを **1**、**2**、**3**、**4** の中から一つ選びなさい。

No.9
TR-12

1 Borrow some money.
2 Take a class on a different day.
3 Look for a job as a cook.
4 Cancel her Japanese cooking class.

No.10
TR-13

1 Harry often goes to the Kabuki theater.
2 Women are not allowed in the Kabuki theater.
3 Kabuki is not shown on TV.
4 Buying the ticket of Kabuki is difficult.

No.11
TR-14

1 He requests a wedding present.
2 He is making preparation for his marriage ceremony.
3 He has been living with Ally for a long time.
4 He has set the place of the wedding.

No.12
TR-15

1 He is playing games.
2 He wants to be lazy.
3 He does not have time.
4 He is not good at studying.

Point

● 予測した質問に関する情報に的を絞ろう。

● ポイントはメモしよう。

● 対話の場面を想像しよう。

No. 13
🔊 TR - 16

1 Order only Margherita pizza.
2 Share what they order.
3 Ask the server for a recommendation.
4 Go to another restaurant.

No. 14
🔊 TR - 17

1 Have a meeting with Jack.
2 Get back to her office.
3 Leave for Geneva.
4 Discuss over lunch.

No. 15
🔊 TR - 18

1 Move to another room.
2 Go to a different hotel.
3 View the ocean.
4 Check his baggage at the hotel.

No. 16
🔊 TR - 19

1 He was rescued.
2 He took the wrong way.
3 He ran out of gas.
4 He fell asleep.

A: Hi. I signed up for a Japanese cooking class this evening, but I won't be able to go because something came up.	A: もしもし。今夜の日本料理の授業に申し込んでいたのですが、急用で行けなくなりました。
B: We can change today's class to next Friday. Are you OK?	B: 今日の授業は来週金曜日に振り替えることができます。よろしいですか？
A: No. I'd like to cancel. Can I get my money back?	A: いいえ。キャンセルしたいのです。お金は戻りますか？
B: I am very sorry, but it's nonrefundable.	B: たいへん申し訳ないですが、返金できません。
Question: What does the woman want to do?	**質問：**女性は何をしたいのですか？

選択肢の訳　1　お金をいくらか借りる。　　2　別の日に授業を受ける。
　　　　　　3　料理人の職を探す。　　　　4　日本料理の授業をキャンセルする。

解説 授業の振り替えを提案されたが、断ってキャンセルしたいと言っているので、**4** が正解。sign up「申し込む」 something comes up「急用ができる」 nonrefundable「返金できない」

ANSWER
4

A: Harry, I heard you are a Kabuki fan. I didn't know you're interested in a Japanese traditional art.	A: ハリー、あなたは歌舞伎ファンだと聞いたわ。日本の伝統芸能に興味があるなんて知らなかった。
B: Yeah, I am. I seldom go to the theater, but I watch it on TV.	B: ああ、そうなんだよ。劇場へはめったに行かないけど、テレビで見るんだ。
A: I've always wanted to see Kabuki on stage at the theater.	A: 私はずっと劇場で舞台の歌舞伎を見たいと思っていたの。
B: If you go, you need to make an effort to purchase the ticket in advance. It's difficult to obtain it.	B: 行くなら、前もってチケットを買うのに努力が必要だよ。入手するのが難しいんだ。
Question: What do we learn about the performance of Kabuki?	**質問：**歌舞伎公演について何がわかりますか？

選択肢の訳　1　ハリーはよく歌舞伎の劇場に行く。　　2　女性は歌舞伎の劇場には入れない。
　　　　　　3　歌舞伎はテレビでは見られない。　　　4　歌舞伎のチケットを買うのは難しい。

解説 ハリーは劇場にはめったに行かずテレビで観賞ということで **1**、**3** は不正解。チケット入手困難の説明があったので、**4** が正解。traditional art「伝統芸能」 in advance「前もって」 obtain「入手する」

ANSWER
4

No. 11 🔊 TR-14

A: Hey, Billy, I heard you just got engaged to Ally. Congratulations!

B: Thanks, Karen. We're preparing for the wedding ceremony and reception. We want to entertain formally.

A: Well, that sounds good. I'm wondering if you would invite me.

B: You bet. To tell you the truth, Ally wants to ask you to be her bridesmaid at our wedding.

Question: What is one thing the man said?

A: ねえ、ビリー、アリーと婚約したって聞いたわ。おめでとう！

B: ありがとう、カレン。ぼくたちは結婚式と披露宴の準備中なんだ。正式におもてなしをしたいと思うんでね。

A: まあ、それはよさそうね。私を招待してくれるかしら。

B: もちろん。実を言うと、アリーは君に結婚式で花嫁介添え人になってほしいと思っているんだ。

質問： 男性が言ったことの一つは何ですか？

選択肢の訳
1 彼は結婚のお祝いをお願いしている。
2 彼は結婚式の準備をしている。
3 彼はアリーと長い間暮らしている。
4 彼は結婚式の場所を決めた。

解説 「結婚式と披露宴の準備中」と言っているので、**2** が正解。**1**、**3**、**4** に関する言及はない。engage「婚約する」 entertain「もてなす」 You bet.「もちろん。」 bridesmaid「花嫁介添え人」

ANSWER **2**

No. 12 🔊 TR-15

A: Brenda, you've been playing games on your smartphone. How's your homework coming along?

B: I haven't started, Dad. Could you help me?

A: I wish I could help you, but I have to leave for the concert right now.

B: Uh-huh. I shouldn't have been goofing off.

Question: Why can't the man help his daughter?

A: ブレンダ、スマートフォンでずっとゲームをやっているね。宿題ははかどってるかな？

B: まだ始めていないのよ、お父さん。手伝ってくれる？

A: 手伝えればいいのだけど、今すぐコンサートに出かけなければならないんだ。

B: そうなんだ。なまけているんじゃなかったわ。

質問： なぜ男性は娘の手伝いができないのですか？

選択肢の訳
1 ゲームをやっているところだから。　2 のんびりしていたいから。
3 時間がないから。　4 勉強は得意ではないから。

解説 「今すぐコンサートに出かけなければならない」ということは時間がないわけで、**3** が正解。goof off「なまける」 lazy「のんびりした」

ANSWER **3**

No. 13 TR-16

A: Honey, how about eating at this pizza parlor?

B: Okay. What kind of pizza do you like?

A: I like Margherita pizza as well as Napoletana with tomatoes, anchovies and mozzarella. I don't know which one to choose. Why don't we get one of each and split them with each other?

B: That's a great idea. I like both, too.

Question: What do the man and woman decide to do?

A: あなた、このピザ屋さんで食事するのはどう?

B: いいよ。どんな種類のピザが好きなの?

A: マルゲリータピザも、トマト、アンチョビ、モッツァレラチーズ入りナポリターナも同じくらい好きよ。どちらを選ぶか迷っちゃうわ。一つずつ頼んで分けましょうよ。

B: いい考えだね。ぼくも両方好きなんだ。

質問:男性と女性はどうすると決めたでしょうか?

選択肢の訳
1 マルゲリータピザだけを注文する。　2 二人で注文したものを分ける。
3 給仕係にお薦めを聞く。　4 別のレストランに行く。

解説 日本語でもおなじみの「シェアする」は、会話に登場する split と同義語。したがって、**2** が正解。

ANSWER **2**

No. 14 TR-17

A: Hi, Jack. This is Kay Collins. I am sorry, but I need to take a business trip to Geneva on Friday. So I'm wondering if you could reschedule our meeting on this day.

B: OK. It's not really that urgent.

A: Thank you. I am relieved. I'll get back next Monday. Are you available next Thursday?

B: That would be nice. How about a luncheon meeting?

Question: What will Kay do this Friday?

A: もしもし、ジャック。ケイ・コリンズです。申し訳ないですが、金曜日にジュネーブに出張しなければなりません。というわけでこの日の会議を再設定してもらえないかしら。

B: いいですよ。そんなにも急ぎではないですから。

A: ありがとう。ほっとしました。来週の月曜日に戻ります。来週木曜日はご都合よろしいですか?

B: いいですね。昼食をとりながらというのはいかがですか。

質問:ケイは今週の金曜日には何をしますか?

選択肢の訳
1 ジャックと会議をする。　2 オフィスに戻る。
3 ジュネーブに出発する。　4 昼食をとりながら議論する。

解説 金曜日には take a business trip to Geneva「ジュネーブに出張する」と言っているので、**3** が正解。get a relief「ほっとする」 be available「都合がよい」

ANSWER **3**

No. 15 🔊 TR-18

A: Excuse me. The toilet is clogged and the door to the balcony is stuck in our room.

B: Sorry, but it'll take time to repair them. We'd like to give you a free room upgrade to apologize for your inconvenience.

A: I see. Can you wait for us to pack up our things?

B: No problem, sir. We can offer our Deluxe Ocean View Room to you.

Question: What does the woman suggest the man do?

A: すみません。私たちの部屋のトイレが詰まり、バルコニーのドアが動きません。

B: 申し訳ございませんが、修理には時間がかかります。ご不便をおかけしましたお詫びに部屋を無料でアップグレードしたいのですが。

A: わかりました。荷物をまとめるのを待ってくれますか?

B: 問題ございません。デラックス・オーシャン・ビュー・ルームをご提供できます。

質問: 女性は男性がどうするように提案していますか?

選択肢の訳　**1** 別の部屋に移る。　**2** 別のホテルに行く。
　　　　　　3 海を見る。　**4** 荷物をホテルに預ける。

解説 部屋に不備があったので、お詫びによい部屋を提供するということは「部屋を移る」の **1** が正解。be clogged「詰まる」 be stuck「動かない」 pack up one's things「荷物をまとめる」 check「(荷物を)預ける」

ANSWER **1**

No. 16 🔊 TR-19

A: Hey, Eddy. I was surprised to know you're in hospital. I had no idea that you lost your way in the mountain. What happened?

B: I took a wrong turn. That was a nightmare!

A: But you're in good hands now. You were lucky to be rescued.

B: Yes, I thank my lucky stars.

Question: How did the man lose his way in the mountain?

A: はい、エディー。あなたが入院していると知って驚いたわ。山で遭難したなんて知らなかったから。何があったの?

B: 曲がる道を間違えたんだ。悪夢のような体験だったよ!

A: でも今は安心ね。救助されてラッキーだったわね。

B: うん、幸運に感謝してるよ。

質問: どのようにして男性は山で遭難したのですか?

選択肢の訳　**1** 彼は救助された。　**2** 彼は道を間違えた。
　　　　　　3 彼はガソリンを使い果たした。　**4** 彼は眠りに落ちた。

解説 took a wrong turn「曲がる道を間違えた」のだから、正解は **2**。lose one's way「遭難する」 be in good hands「安心な状態である」 thank one's lucky stars「幸運に感謝する」 run out of ～「～を切らす」

ANSWER **2**

対話を聞き、その質問に対して最も適切なものを **1**、**2**、**3**、**4** の中から一つ選びなさい。

No.17
(( ))) TR - 21

1 Do a part-time job.
2 Look for a job.
3 Do nothing especially.
4 Take part in an internship.

No.18
(( ))) TR - 22

1 The woman's job.
2 Business hour of the facility.
3 A facility to take his waste.
4 Guidelines on their website.

No.19
(( ))) TR - 23

1 He does not like yoga.
2 Eight weeks are too long.
3 The class costs too much.
4 He does stretches on Fridays.

No.20
(( ))) TR - 24

1 A housekeeper working hard.
2 Some time off from work.
3 A coin-operated laundry.
4 A less expensive dishwasher.

Point

- 10秒以内に正解を選ぼう。
- 次の放送が始まったら、迷わずリスニングに集中しよう。
- 放送は一度きりなので、十分に練習しておこう。

No.21

TR - 25

1 He invited people to the party.
2 He met a gorgeous girl.
3 He never talked to the girl.
4 He danced with his mother.

No.22

TR - 26

1 Give a warning to the driver.
2 Tow the man's car.
3 Impose a fine to the driver.
4 Make a mistake.

No.23

TR - 27

1 Stephen is more fitness-conscious.
2 He heard about it from Stephen.
3 He asked Stephen about it.
4 The fitness center has started a singles class.

No.24

TR - 28

1 The Italian restaurant.
2 The Korean restaurant.
3 The family style restaurant.
4 The woman's home.

No. 17 🔊 TR-21

A: Do you have any plans for the summer vacation, Leigh?

B: Not really. I'm looking for a part-time job. What about you, Judy?

A: I'm going to join the summer intern program of an IT company. I could be into it.

B: Really? That sounds great.

Question: What will Judy do during the summer vacation?

A: 夏休みの計画は何かある、リー？

B: 特には。アルバイトを探しているところさ。君はどう、ジュディー？

A: ある IT 企業の夏のインターンプログラムに参加するつもりよ。熱中できそうだわ。

B: ほんとう？　よさそうだね。

質問：夏休みの間ジュディーは何をするでしょうか？

選択肢の訳
1 アルバイトをする。
2 仕事を探す。
3 特に何もしない。
4 インターンシップに参加する。

解説 ジュディーは「IT 企業のインターンプログラムに参加する」ので、**4** が正解。part-time「アルバイトの」 be into 〜「〜に熱中する」

ANSWER 4

No. 18 🔊 TR-22

A: Excuse me. I'm looking for the facility to take my load on this truck.

B: You should've looked up the guidelines on our website in advance. But okay, could you uncover your load?

A: Sure. I have cardboard and other things. I think these are all recyclables.

B: Let me check. You should separate them. You can take cardboard to East Wing and others to North Wing.

Question: What is the man asking about?

A: すみません。このトラックの積荷を持っていく施設を探しています。

B: 事前に私たちのウェブサイトにあるガイドラインを調べるべきでしたね。でもいいです、積荷のカバーを取っていただけますか？

A: いいですよ。ダンボールとほかのものがあります。全部リサイクルできると思います。

B: チェックさせてください。分けるべきですね。ダンボールは東棟に、ほかは北棟に持っていけます。

質問：男性は何についてたずねていますか？

選択肢の訳
1 女性の仕事。
2 施設の営業時間。
3 廃棄物を持っていく施設。
4 ウェブサイトにあるガイドライン。

解説 ダンボールその他の積荷を持っていく施設はどこかを聞いているので、正解は **3**。in advance「事前に」 cardboard「ダンボール」 recyclable「リサイクルできるもの」 business hour「営業時間」 waste「廃棄物」

ANSWER 3

No. 19 🔊 TR-23

<table>
<tr><td>

A: May I help you?

B: Yes. Your poster says you're offering a yoga class. How much is it?

A: It's $40. Our yoga class is held at 9 a.m. on Fridays. It's an eight-week course, so it costs $5 per lesson.

B: Well, that's a little expensive. I've been doing stretches every morning. I thought I'd try taking a yoga class, too, to improve my waistline, but I can't afford it.

Question: Why won't the man take a yoga class?

</td><td>

A: 何かご用ですか？

B: はい。ポスターにヨガのクラスがあると書いてありますね。いくらですか？

A: 40ドルです。当方のヨガのクラスは金曜日の午前9時に開催します。8週間コースですから、1回あたり5ドルになります。

B: うーん、少し高いですね。毎朝ストレッチをしています。ウエストラインを改善するためにヨガのクラスも取ってみようと思ったのですが、そんな余裕はありません。

質問: なぜ男性はヨガのクラスをとらないのですか？

</td></tr>
</table>

選択肢の訳
1 彼はヨガを好きではないから。　　2 8週間は長すぎるから。
3 そのクラスは料金が高すぎるから。　4 彼は金曜日にはストレッチをするから。

解説 I can't afford it「金銭的余裕がない」という結論なので、正解は **3**。

ANSWER 3

No. 20 🔊 TR-24

<table>
<tr><td>

A: Honey, we've both been too busy to do housework lately. Do you think we should get a dishwasher?

B: Well, it would be a big help. Actually, neither of us has much time to wash dishes.

A: Exactly. The only problem is our budget. I heard a new stainless steel dishwasher costs more than $1,000. I think our budget is $800.

B: Well, let's check online to see if there is a bargain within our budget. We can always pass.

Question: What do the man and woman think they might need?

</td><td>

A: あなた、最近私たち二人とも忙しすぎて家事をやれないでいるわ。食器洗い機を買うべきだと思う？

B: うん、おおいに助かるね。実際、二人とも食器を洗う時間はないからね。

A: たしかに。ただ問題は予算よ。新しいステンレスの食器洗い機は1,000ドルを超えるわ。私たちの予算は800ドルというところよ。

B: 予算内のお買い得品があるかオンラインでチェックしよう。いつでも見送ることはできるのだから。

質問: 男性と女性は何が必要ではないかと考えていますか？

</td></tr>
</table>

選択肢の訳
1 一生懸命働くハウスキーパー。　2 数日の休暇。
3 コインランドリー。　　　　　　4 そんなに高くない食器洗い機。

解説 食器洗い機がほしいが、予算が足りないということで、**4** が正解。
housework「家事」　budget「予算」　bargain「お買い得品」　pass「見送る」

ANSWER 4

第4章　会話の内容一致選択　**C**

163

No.21 TR-25

A: How was the party you were invited to yesterday? Did you enjoy it?
B: Yeah, I'm glad I went, Mom. A pretty girl was smiling at me and I smiled back. I thought it was now or never.

A: Did you ask her to dance?
B: Of course. And we danced. I can't get her off my mind.
Question: What did the man do yesterday?

A: 昨日招待されたパーティーはどうだった？　楽しんだ？
B: うん、行ってよかったよ、母さん。かわいい女の子がぼくにほほえみかけてきて、ぼくもほほえみ返したんだ。またとないチャンスだと思ったよ。

A: ダンスを申し込んだの？
B: もちろん。そして踊ったよ。彼女のことが頭から離れないよ。
質問：男性は昨日どうしたのでしょうか？

選択肢の訳
1　彼は人々をパーティーに招待した。
2　彼はすごくすてきな女の子と出会った。
3　彼が女の子と話すことはなかった。
4　彼は母親と踊った。

解説 頭から離れないほどかわいい女の子と出会ったのだから、**2** が正解。now or never「またとないチャンス」 can't get ~ off one's mind「~を忘れられない」 gorgeous「すごくすてきな」

ANSWER **2**

No.22 TR-26

A: Sorry, Officer, I made an honest mistake. It won't happen again.
B: You know that's illegal. That is why I pulled you over.
A: Okay, I know I ran a stop sign. I should be given a warning.

B: A warning is not enough. You'll be fined for this violation.
Question: What will the woman do next?

A: すいません、婦警さん、うっかりミスでした。今後気をつけます。
B: 違反だとわかっていますよね。だから車を停止させたのです。
A: わかりました、一時停止標識を無視したのはわかります。厳重注意を受けるべきですね。

B: 厳重注意では足りません。この違反には罰金が科されます。
質問：女性は次に何をするでしょうか？

選択肢の訳
1　運転者に厳重注意を与える。　2　男性の車を牽引する。
3　運転者に罰金を科す。　4　ミスをする。

解説 厳重注意では足りず罰金を科すと言っているから、正解は **3**。Officer「おまわりさん（警官への呼びかけ）」 honest mistake「うっかりミス」 pull over「（車を）寄せて止める」 stop sign「一時停止標識」 tow「牽引する」 fine「罰金を科す、罰金」

ANSWER **3**

No.23 🔊 TR-27

A: Hey, Art. Yesterday, Stephen took me to their meeting place I've never thought of.

B: Let me guess, Bonnie. He took you to the fitness center in his neighborhood.

A: That's right! How did you know?

B: He told me that he and his fiancée first met at that gym.

Question: How did Art find out about the place Bonnie mentioned?

A: ちょっと、アート。昨日スティーブンが私が考えもしなかった彼らの出会いの場に連れていってくれたわ。

B: 当ててみようか、ボニー。彼の近所のフィットネスセンターに連れて行ったんだろ。

A: あたり！　どうしてわかったの？

B: 彼が婚約者とはじめて出会ったのはあのジムだと話したのさ。

質問：アートはどうしてボニーの言った場所を見破ったのでしょうか？

選択肢の訳

1 スティーブンは健康意識を高めているから。
2 彼はスティーブンからそれについて聞いたから。
3 彼はスティーブンにそれについてたずねたから。
4 そのフィットネスセンターは独身者向けのクラスを始めたから。

解説 「彼が話した」ということは「彼から聞いた」で **2** が正解。たずねて答えを聞いたとは言っていないから、**3** は不正解。

ANSWER **2**

No.24 🔊 TR-28

A: Where do you want to go for lunch today? That family style restaurant as always?

B: I want to eat somewhere else for a change of pace. Please tell me what restaurant you recommend.

A: I recommend either the Italian restaurant or the Korean restaurant. Which do you feel like having?

B: Maybe Italian food would be better. Take me there.

Question: Where will they probably go for lunch today?

A: 今日の昼食はどこへ行きたい？　いつものファミリーレストラン？

B: 気分を変えて別の所で食べたいな。お薦めのレストランを教えてよ。

A: イタリアンレストランか韓国レストランがお薦めね。どちらが食べたい気分？

B: イタリアンの方がよさそうだね。そこへ連れていってよ。

質問：彼らは今日の昼食にどこへ行きそうですか？

選択肢の訳

1 イタリアンレストラン。　　2 韓国レストラン。
3 ファミリーレストラン。　　4 女性の家。

解説 イタリアンの方がよさそうと答え、そこへ連れていってほしいと頼んでいるので、正解は **1**。for a change of pace「気分を変えて」

ANSWER **1**

文の内容一致選択

TR - 29~37

英文を聞き、その質問に対して最も適切なものを **1**、**2**、**3**、**4** の中から一つ選びなさい。

No.1
TR - 30

1 Ask about a discount at the information counter.
2 Bring their cards to the booth.
3 Execute the application program.
4 Sign up for a new club.

No.2
TR - 31

1 Making a presentation.
2 Writing some reports.
3 Visiting a new client.
4 Calling a new client.

No.3
TR - 32

1 It used to fly in the skies over Europe.
2 A frog preys on it.
3 It became famous in the early 19th century.
4 It has become rare.

No.4
TR - 33

1 One expensive and gorgeous.
2 One that weighs a lot.
3 One costing low and easy to carry.
4 One equipped with weapons.

Point

● 選択肢で使われている単語が聞こえたら集中しよう。

● 主人公がいる場合、行動をつかもう。

● テーマが何かを把握しよう。

No.5

🔊 TR - 34

1 He takes a lot of copies.
2 He sells new products.
3 He writes the catchphrases.
4 He researches about stress.

No.6

🔊 TR - 35

1 She had a showcase built.
2 She made doughnuts for aged people.
3 She uses streets as places for selling.
4 She had passers-by smell doughnuts.

No.7

🔊 TR - 36

1 He started his own business.
2 He worked as a dog trainer.
3 He got a beauty salon.
4 He became a veterinarian.

No.8

🔊 TR - 37

1 He went to the riverside with his family.
2 He enjoyed the bowling league.
3 He drove his wife to her office.
4 He played with fireworks.

No. 1 🔊 TR-30

Attention, all shoppers. Welcome to Jill Smith Department Store. From today, we start Smith Customer Club. We are offering special discounts of 10% off to this new club members. To join Smith Customer Club, fill out an application at the booth across from the information counter. Your membership card will be issued on the spot.

Question: What is the speaker asking customers to do?

お買い物のお客様。ジル・スミス百貨店へようこそ。本日よりスミスお客様の会を始めます。この新しい会の会員の皆様には10%の特別値引きをさせていただきます。スミスお客様の会に入会するには、インフォメーションカウンター向かいのブースで申込用紙にご記入ください。会員カードがその場で発行されます。

質問：話し手は顧客に何をするよう頼んでいますか？

選択肢の訳
1 インフォメーションカウンターで値引きについてたずねる。
2 カードをブースに持ってくる。
3 アプリケーションプログラムを実行する。
4 新しい会に申し込む。

解説 新しく始める「お客様の会」への入会案内だから、正解は **4**。fill out「記入する」 application「申込用紙」 on the spot「その場で」 execute「実行する」 sign up for 〜「〜に申し込む」

ANSWER 4

No. 2 🔊 TR-31

Carla has some reports she's got to finish in the morning, and then she goes to a new client in the afternoon. But in the early morning, the client called to change the meeting time to Friday. She accepted it. But she has a sales presentation on Friday afternoon at the other client. She's already got that on her schedule. So she'll change the appointment with the new client to Friday morning.

Question: What is Carla thinking about doing on Friday afternoon?

カーラには午前中に仕上げなければならないレポートがいくつかあり、それから午後には新しい顧客のところに行く。しかし早朝、その顧客から会う時間を金曜日に変えるよう電話があった。彼女はそれを受け入れた。しかし、彼女は金曜日の午後、ほかの顧客のところでセールスプレゼンテーションをしなければならない。それはもうスケジュールに入れてある。そこで彼女はその新規顧客との約束を金曜日の午前中に変えるつもりだ。

質問：カーラは金曜日の午後には何をしようと考えていますか？

選択肢の訳
1 プレゼンテーションをする。
2 レポートをいくつか書く。
3 新しい顧客を訪問する。
4 新しい顧客に電話をかける。

解説 金曜日の午後にはすでに a sales presentation の予定が入っており、変更した予定はそれを避けて午前に入れるのだから、正解は **1**。

ANSWER 1

No. 3 🔊 TR-32

At one time, the Japanese crested ibis or toki was a common bird in eastern Asia. It usually eats frogs, small fish, and small animals. But around the end of the 19th century, the number of toki plummeted in Japan because of indiscriminate hunting and development. It is now close to extinction, and hasn't flown in the skies over Japan for many years. Ironically, the name only became well known after the bird was on the verge of extinction.

Question: What is one thing that we learn about the Japanese crested ibis?

かつてトキは東アジアでは普通の鳥だった。それは通常カエルや小魚や小動物を食べる。しかし 19 世紀末ごろ、日本でトキの数は無差別な猟と開発により急速に落ち込んだ。今や絶滅に瀕し、何年もの間日本の空を飛んでいない。皮肉にも、絶滅に瀕した後になってその名前だけはよく知られるようになった。

質問：トキについてわかる一つのことは何ですか？

選択肢の訳 **1** かつてはヨーロッパの空を飛び回っていたものだ。
2 カエルがそれを捕食する。　**3** 19 世紀初頭に有名になった。
4 希少種になっている。

解説 be close to extinction, be on the verge of extinction と二度にわたって「絶滅に瀕している」と言っているので、正解は **4**。plummet「急速に落ち込む」 indiscriminate「無差別の」 prey on ～「～を捕食する」

ANSWER **4**

No. 4 🔊 TR-33

Sally is looking for a gift for her client she's going to visit next month. She asked her colleagues about it, but they recommend rather expensive and heavy ones. She thinks the executives she's meeting would appreciate any of them. But she's a road warrior living out of a suitcase, so she herself doesn't want to carry heavy ones. Besides, her budget is tight. She's wondering if there is something appropriate.

Question: What kind of gift is Sally looking for?

サリーは来月訪問する顧客への贈り物を探している。それについて同僚にたずねたが、彼らはかなり高価で重いものを薦める。彼女は自分の会う役員たちはそのどれもありがたがると思う。しかし、彼女は出張が多く、旅暮らしなので、自分で重いものは運びたくない。そのうえ、彼女の予算はきつい。彼女は何か適当なものはないかしらと思っている。

質問：サリーはどんな種類の贈り物を探していますか？

選択肢の訳 **1** 高価でとてもすてきなもの。　**2** 重いもの。
3 お金がかからず運びやすいもの。　**4** 武器を装備されたもの。

解説 条件は予算内で買え、運びやすいということで正解は **3**。road warrior「出張の多い人」 live out of a suitcase「旅暮らしをする」

ANSWER **3**

No.5 🔊 TR-34

Jonathan is a copywriter at a leading advertising agency. His job is to think of a catchword for sales promotion. Creativity and the ability to write well are key requirements for his job. While he mainly writes words for his output at his office, he goes to his clients to do a lot of research. His clients always look for fresh ideas, so he has to make sure his works are innovative. He thinks his job is not only stressful but also very exciting and rewarding.

Question: What does Jonathan usually do at his company?

ジョナサンは大手広告代理店のコピーライターだ。彼の仕事は販売促進のためにキャッチコピーを書くことだ。彼の仕事には創造性とうまく考えつく能力が重要な必要条件となる。彼はオフィスでおもに生産品としての言葉を書く一方、たくさんの調査をするために顧客のところへ行く。顧客はいつも新鮮なアイディアを探しているので、作品は必ず革新的であるようにしなければならない。彼は自分の仕事にはストレスがあると同時に、わくわくしてやりがいがあると思う。

質問：ジョナサンはふだん彼の会社で何をしていますか？

選択肢の訳　**1** たくさんのコピーを取る。　**2** 新製品を売る。
3 キャッチフレーズを書く。　**4** ストレスについて調査する。

解説 キャッチコピーを書くのが仕事で **3** が正解。rewarding「やりがいのある」

No.6 🔊 TR-35

In 1972, a woman named Susan Ray opened a doughnut store in Kansas called Aunt Susan's doughnut. She did not have enough money to have a display case, but the delicious scent of doughnuts attracted passers-by. And then she began to sell her doughnuts directly to customers on the sidewalk. Her company became successful and in 2000, the first international store opened in Canada. Since then, her company has expanded into 50 international markets. Today, her doughnuts are brought to fans of all ages all over the world.

Question: How did Ms. Ray first attract customers to her store?

1972年、スーザン・レイという名前の女性がスーザンおばさんのドーナツと呼ばれるドーナツ店をカンザスに開いた。彼女には展示ケースを作るだけのお金がなかったが、おいしいドーナツの香りが通行人を引きつけた。それから彼女は道端でお客にドーナツを直接販売し始めた。彼女の会社は成功し、2000年にはカナダに海外1号店を開いた。それ以来、50の海外市場に拡大している。今日、彼女のドーナツは世界中のあらゆる年齢のファンに届けられている。

質問：レイさんは最初どのようにしてお客を引きつけましたか？

選択肢の訳　**1** 彼女は展示ケースを作らせた。　**2** 彼女は高齢者向けのドーナツを作った。
3 彼女は販売場所として路上を使った。
4 彼女は通行人にドーナツのにおいをかがせた。

解説 創業当初の事柄として the delicious scent of doughnuts attracted passers-by という描写があるので、正解は **4**。**3** はその後の展開。

No.7 🔊 TR-36

David used to work as a director of marketing at a beauty company. Three years ago, however, he quit his job and started running a pet shop. His store is in the shopping mall and has all manner of adorable animals. It has been very successful. Last year, his store associated with some veterinarians, and has provided his customers with discounts on treatments.

Question: What did David do three years ago?

デイビッドは美容関連の会社でマーケティング部長として働いていた。しかしながら、3年前、彼は仕事をやめ、ペットショップの経営を始めた。彼の店はショッピングモールの中にあり、ありとあらゆるかわいい動物をそろえている。店はたいへん成功している。昨年、彼の店は何人かの獣医と提携し、顧客に治療の値引きを提供してきた。

質問：3年前にデイビッドは何をしましたか？

選択肢の訳　1　彼は自分の事業を始めた。　　2　彼は犬の訓練士として働いた。
　　　　　　3　彼は美容院を手に入れた。　　4　彼は獣医になった。

解説 3年前仕事をやめ、ペットショップ経営を始めている。該当するのは **1**。all manner of ～「ありとあらゆる～」 adorable「かわいい」

ANSWER 1

No.8 🔊 TR-37

Brenda thought her husband, Gordon, would go to the bowling league he liked last Saturday. But he didn't. Actually he resigned from it. He told her that he'd rather spend quality time with her and the kids. And then he took her and their children to the riverbed field, and enjoyed a barbecue in the afternoon. In the evening, the big fireworks display was held there. It was nothing short of spectacular. They all had fun seeing it.

Question: What did Gordon do last Saturday?

先週の土曜日、ブレンダは夫のゴードンが好きなボウリングリーグに行くものと思っていた。しかし、行かなかった。実は彼はそこを退会していたのだ。彼は彼女にむしろ彼女や子どもたちと一緒に充実した時間を過ごしたいと言った。それから彼は彼女と子どもたちを河原に連れていき、昼間はバーベキューを楽しんだ。夜には、そこで花火大会が開かれた。それは壮観そのものだった。彼らは全員それを見て楽しんだ。

質問：先週の土曜日、ゴードンは何をしましたか？

選択肢の訳　1　家族と一緒に川辺へ行った。　　2　ボウリングリーグを楽しんだ。
　　　　　　3　奥さんを車でオフィスまで送った。　4　花火をした。

解説 昼はバーベキュー、夜は花火大会を家族で楽しんだわけだが、場所は the riverbed field（riverside）で、正解は **1**。花火は自分でしたわけではない。resign from ～「～を退会する」 quality time「充実した時間」 fireworks display「花火大会」 nothing short of ～「まさに～そのもの」

ANSWER 1

英文を聞き、その質問に対して最も適切なものを **1**、**2**、**3**、**4** の中から一つ選びなさい。

No.9
 TR - 39

1 He is hard of hearing.
2 He is short of money.
3 He can buy only the smallest hearing aid.
4 He had his money stolen.

No.10
TR - 40

1 The history of the three-star restaurant.
2 Jobs at Kelly.
3 Healthy home cooking.
4 How to become a chef.

No.11
TR - 41

1 The movie was too long.
2 The plot was too complex.
3 The story was not interesting.
4 The acting was not very good.

No.12
TR - 42

1 He attended a meeting.
2 He searched for a supplier.
3 He submitted a sales report.
4 He was wheeled to the emergency room.

Point

- 選択肢の正誤をチェックしながら聞こう。
- 理由を述べている部分はメモしよう。
- 放送内容に関する知識があれば生かそう。

No. 13
🔊 TR - 43

1 He was killed by a scorpion.
2 He escaped from the earth.
3 He was rewarded by the Goddess.
4 He chased after the Goddess.

No. 14
🔊 TR - 44

1 She bought an art textbook.
2 She worked on a game program.
3 She interviewed a game creator.
4 She went to a game show.

No. 15
🔊 TR - 45

1 He should start his own company.
2 He will get an important position.
3 He climbs a too steep hill.
4 He asks too many questions.

No. 16
🔊 TR - 46

1 It was named after a dwarf planet.
2 It is owned by Air Force.
3 It has been studying Pluto.
4 It has been used to find new stars.

No. 9 🔊 TR-39

Henry's grandmother is hard of hearing. So he was planning to buy a hearing aid for her, and he had saved almost $500 to get one. Last week, he looked in the ABC Hearing Center in his neighborhood. And he thought the smallest hearing aid is the best. But unfortunately, it is $650. However, the ABC Hearing Center is planning an anniversary sale next month, and then the smallest one will be $500. So he hopes he will take his grandmother to the ABC Hearing Center next month.

Question: Why can't Henry take his grandmother to the ABC Hearing Center right now?

ヘンリーの祖母は耳が遠い。そこで彼は彼女のために補聴器を買おうと計画し、500 ドルほど貯めた。先週、近所の ABC 聴覚センターを調べた。そして一番小さな補聴器が最良だと思った。しかし残念ながら、それは 650 ドルだ。ところが、ABC 聴覚センターは来月年に一度のセールを計画しており、そのとき一番小さいのは 500 ドルになる。だから彼は来月祖母を ABC 聴覚センターに連れていければいいと思っている。

質問：なぜヘンリーは今すぐに祖母を ABC 聴覚センターに連れていけないのですか？

選択肢の訳
1 彼は耳が遠いから。
2 彼はお金が足りないから。
3 彼は一番小さな補聴器しか買えないから。
4 彼はお金を盗まれたから。

解説 現在 650 ドルの補聴器を資金不足で買えないのが理由だから、正解は **2**。hard of hearing「耳が遠い」 hearing aid「補聴器」

ANSWER
2

No. 10 🔊 TR-40

Ladies and gentlemen, our speaker today will be Ms. Samantha McMillan. She's the chef of the three-star restaurant, Kelly. Today, she's going to tell us about healthy home cooking. She'll also talk to us about how to make various quick and easy recipes that will help you host your friends at home. Now, let's give a big welcome to Ms. McMillan.

Question: What is Ms. McMillan going to talk about?

紳士淑女の皆様、本日の講師はサマンサ・マクミランさんです。彼女は三ツ星レストラン、ケリーの料理長です。本日は健康にいい家庭料理についてお話ししていただきます。また、家庭で友人をもてなすのに役立つ、早くできて簡単なレシピをいろいろ伝授していただきます。さあ、マクミランさんを盛大にお迎えしましょう。

質問：マクミランさんは何について話そうとしていますか？

選択肢の訳
1 三ツ星レストランの歴史。　　2 ケリーでの仕事。
3 健康にいい家庭料理。　　　　4 シェフになる方法。

ANSWER
3

解説 講師を紹介した後、話の内容として挙げている **3** が正解。

No. 11 🔊 TR-41

Ashley's favorite actress is Elizabeth Streep. He likes her because she's intellectual and talented. He saw her new movie 'Out of America' last week. He was really impressed with her acting. But the movie itself was disappointing. Ashley likes movies with exciting stories, but he thought this one was very boring. Its plot is adapted from the classic film he knows very well.

Question: Why was Ashley disappointed by the movie 'Out of America'?

アシュリーの好きな女優はエリザベス・ストリープだ。彼が彼女を好きなのは知的で才能があるからだ。彼は先週彼女の新作映画『アウト・オブ・アメリカ』を見た。彼は彼女の演技にほんとうに感動した。しかし、映画そのものにはがっかりした。アシュリーはわくわくするストーリーの映画が好きだが、この映画は退屈だと思った。その筋が彼のたいへんよく知っている古典映画の焼き直しなのだ。

質問: なぜアシュリーは映画『アウト・オブ・アメリカ』にがっかりしたのですか?

選択肢の訳
1 映画が長すぎたから。
2 筋が複雑だったから。
3 話がおもしろくなかったから。
4 演技がそんなによくなかったから。

解説 好きな女優の演技はよかったが、映画の筋は知っているものだったので、退屈したというのだから、正解は **3**。be adapted from ～「～を改作する」

ANSWER
3

No. 12 🔊 TR-42

Max works for a large company. On Tuesday afternoon, he was planning to finish the sales report for the sales meeting on the next day. However, he had some trouble with the supplier, and it was a matter that needed immediate attention. He thought it was rather urgent, so he spent all afternoon meeting with the supplier, and he had to work on the sales report until late that night.

Question: How did Max spend the afternoon on Tuesday?

マックスは大企業に勤めている。火曜日の午後、彼は翌日の販売会議用の販売レポートを仕上げる計画だった。しかし、仕入先とのトラブルが持ち上がり、それは即座の対応を必要とする件だった。彼はそちらはかなり緊急だと思ったので、仕入先との会議に午後いっぱいを費やし、その夜遅くまで販売レポートに取り組まねばならなかった。

質問: マックスは火曜日の午後をどのように費やしましたか?

選択肢の訳
1 会議に出席した。
2 仕入先を探した。
3 販売レポートを提出した。
4 救急室に運ばれた。

解説 supplier「仕入先」との会議に費やしたのだから、正解は **1**。immediate attention「即座の対応」 submit「提出する」 wheel「(車輪つきのもので)運ぶ」 emergency room「救急室」

ANSWER
1

No. 13 🔊 TR-43

The ancient Greeks saw the figure of the Greek myth Orion in the nighttime sky. Orion was such a good hunter that he said he would kill all the wild animals on the earth. But the earth Goddess was not pleased with Orion's intention. Then, she set an enormous scorpion on Orion. He tried to escape, but the scorpion stung him to death. As a reward, the Goddess placed the scorpion in the sky as a constellation which appears to be constantly chasing after Orion.

Question: What is one thing that the Greek myth told about Orion?

古代のギリシャ人は夜間の空にギリシャ神話のオリオンの姿を見た。オリオンは非常に優秀なハンターだったので、地上の野生動物すべてを殺すと言った。しかし、地球の女神はオリオンのたくらみを喜ばなかった。そこで、彼女はオリオンに巨大なサソリを仕掛けた。彼は逃げようとしたが、サソリは彼を刺し殺した。褒美として、女神はサソリを常にオリオンを追跡するように見える星座として空に配置した。

質問：ギリシャ神話がオリオンについて語った一つのことは何ですか？

選択肢の訳　**1** サソリに殺された。　**2** 地球から逃げた。　**3** 女神に褒美をもらった。　**4** 女神を追いかけた。

解説　女神の仕掛けたサソリが stung him to death「彼を刺して死に至らしめた」ので、正解は **1**。myth「神話」 the Goddess「女神」 constellation「星座」

ANSWER 1

No. 14 🔊 TR-44

Tiffany is an art student at a university. Last weekend, the university sponsored Empire Game Show. Her professor recommended that the students go to the show because it would be the international event gaining attention from all over the world and show the market trend by adapting new tech movement and play style. It would cost $50, but she was glad she spent the money because her dream is to become a game creator.

Question: What did Tiffany do last weekend?

ティファニーは美大生だ。先週末、大学がエンパイア・ゲーム・ショーを後援した。彼女の教授は、学生たちがそのショーに行くよう勧めた。なぜならばそれは世界中の注目を引く国際的なイベントであり、新しい技術動向とプレースタイルを採用することで市場の傾向を示すものになるからだ。50ドルかかることになるが、彼女は喜んでそのお金を使った。なぜなら彼女の夢はゲームクリエーターになることだからだ。

質問：先週末にティファニーは何をしましたか？

選択肢の訳　**1** 美術の教科書を買った。　**2** ゲームプログラムに取り組んだ。　**3** ゲームクリエーターにインタビューした。　**4** ゲームショーに行った。

解説　50ドルを喜んで払って、教授のお勧めの、つまり大学の後援するゲームショーを見たというわけで正解は **4**。

ANSWER 4

No. 15 🔊 TR-45

Two years ago, Arnold began working at an advertising agency. Since then, he has been on a steep learning curve there. He thought he had learned so much from all of his co-workers. Today, in fact, some of his older co-workers ask him questions or consult with him about difficult questions. Everyone says that he will be made an important position. Arnold is happy that he has grown in his time at this agency.

Question: What do Arnold's co-workers say about him?

2年前、アーノルドは広告代理店で働き始めた。それ以来、そこで短期間に多くのことを学んできた。彼は同僚たち全員から非常に多くを学んだと思った。ところが今日では、先輩社員の中には彼に質問したり、難しい問題について相談する人もいる。誰もが彼は重要な地位に就くだろうと言う。アーノルドは自分がこの代理店にいる間に成長したことをうれしく思っている。

質問: アーノルドの同僚たちは彼について何と言っていますか?

選択肢の訳 1 彼は自分の会社を始めるべきだ。　2 彼は重要な地位を得る。
3 彼はあまりにも険しい丘を登る。　4 彼はあまりにもたくさん質問する。

解説 be made an important position ＝ get an important position「重要な地位に就く」の意で正解は **2**。be on a steep learning curve「短い期間で多くのことを学ぶ」

ANSWER **2**

No. 16 🔊 TR-46

In 2006, Pluto was reclassified as a dwarf planet. In the same year, an unmanned probe named New Horizons was launched from Cape Canaveral Air Force Station. NASA has been collecting data of Pluto sent from this probe. The research shows that the atmospheric pressure of Pluto is very low. And it could have a water-ice crust under its surface. NASA says that it will be another year before all the data from the probe returns.

Question: What is one thing that we learn about New Horizons?

2006年、冥王星は準惑星として再分類された。同じ年に、ニュー・ホライズンズという名の無人探査機がケープ・カナベラル空軍基地から打ち上げられた。NASAはこの探査機から送られてくる冥王星のデータを集めている。その調査によれば冥王星の気圧はたいへん低い。そして地下には水が凍った地殻が存在する可能性がある。NASAによれば、この探査機からすべてのデータが戻ってくるには、もう1年かかるだろうということだ。

質問: ニュー・ホライズンズについてわかる一つのことは何ですか?

選択肢の訳 1 準惑星にちなんで名づけられた。　2 空軍に所有されている。
3 冥王星を調査している。　4 新しい星を発見するのに使われている。

解説 冥王星のデータを探っているから、正解は **3**。空軍基地から打ち上げられたが、所有はNASA。Pluto「冥王星」 reclassify「再分類する」 dwarf planet「準惑星」 crust「地殻」 unmanned probe「無人探査機」 atmospheric pressure「気圧」

ANSWER **3**

英文を聞き、その質問に対して最も適切なものを **1**、**2**、**3**、**4** の中から一つ選びなさい。

No. 17

 TR - 48

1 Traveling all over the country on business.
2 Taking the corporate university program.
3 Complaining about her new job.
4 Tidying up her boss's desk.

No. 18

TR - 49

1 Change a pace from their usual routines.
2 Enjoy the atmosphere of the festival.
3 Obtain an outside impression of the school.
4 Make comments about their school life.

No. 19

TR - 50

1 He approves their reports.
2 He convinces them.
3 He is smarter than their previous boss.
4 He always goes outside.

No. 20

TR - 51

1 Drive him to school.
2 Take him to the art museum.
3 Help him make supper.
4 Get pizza for supper.

Point

● 話題の展開についていこう。

● 聞き取れない部分は推理しよう。

● 個々の音よりも全体の意味をつかもう。

No. 21

🔊 TR - 52

1 Enjoy cooking and housework.
2 Make time for her children.
3 Have a lot of fun traveling by sea.
4 Pick her husband up from work.

No. 22

🔊 TR - 53

1 They lay their eggs in other birds' nests.
2 They are colored like doves.
3 They are increasing their population.
4 They are the Red List species due to being parasites.

No. 23

🔊 TR - 54

1 It has already left Grand Central Terminal.
2 It is now arriving in New York.
3 It has been delayed.
4 It has been canceled.

No. 24

🔊 TR - 55

1 The water was shut off during the drought.
2 He wanted to wash his car.
3 The newspaper made a mistake.
4 He is angry with his neighbors.

No. 17 🔊 TR-48

Donna works at a travel agency. She used to be traveling all over the country as a tour guide, but last month, her boss asked her to start a desk job. Actually she got tired of traveling on business, so she was glad to hear it. Her new job was to deal with customer queries and complaints. At first, she was afraid she might make a bad impression. Recently, she has taken training in interpersonal skills at the corporate university, and getting much better at responding to customers.

Question: What is one thing Donna has been doing recently?

ドナは旅行代理店で働いている。彼女はツアーガイドとして全国を旅していたが、先月、彼女の上司は彼女に事務職を始めるよう求めた。実際、彼女は仕事で旅行するのに飽きていたので、それを聞いて喜んだ。新しい仕事は顧客の問い合わせや苦情に対応することだった。最初、彼女は自分が悪印象を与えるのではないかと恐れた。最近、彼女は企業内大学で対人関係のスキルのトレーニングを受けており、顧客対応が格段によくなっている。

質問：最近ドナがしている一つのことは何ですか？

選択肢の訳　**1** 仕事で全国を旅行している。　**2** 企業内大学プログラムを受けている。
3 新しい仕事に関して不平を言っている。　**4** 上司の机を整理している。

解説 Recently に続いて「企業内大学で対人関係のスキルのトレーニングを受けている」と述べているので、正解は **2**。query「問い合わせ」interpersonal「対人関係の」　tidy up「整理する」

ANSWER
2

No. 18 🔊 TR-49

Class, please remember that our cultural festival will be this weekend. I know that some of you want a change of pace from your normal school routines. But don't forget this aims to use the results of everyday learning. And it's open to the public. I recommend that you make this opportunity effective. Hear the visitors' comments. It will help you know how people feel about our schoolwork and atmosphere.

Question: What does the teacher recommend that the students do?

クラスのみんな、文化祭が今週末だと覚えておいて。通常の学校の日課とは気分を変えたい人もいるとわかっています。だけどこれは毎日の学習の成果を活用することを目指しているのを忘れないで。そして外部に公開されています。この機会を有効利用するよう勧めます。来訪者の意見を聞きなさい。私たちの学業や雰囲気を人がどう感じるかを知るのに役立つでしょう。

質問：先生は生徒がどうするように勧めていますか？

選択肢の訳　**1** ふだんの日課から気分を変える。　**2** 祭りの雰囲気を楽しむ。
3 学校に関する外部の印象を入手する。　**4** 学校生活に関する意見を述べる。

解説 来訪者の意見を聞きなさいと言っているので、正解は **3**。recommendに続いているのは抽象的表現で、具体的にはその後を聞かないとわからない。
ANSWER
3

Last year, Albert got a new boss. At first, he and his co-workers didn't like him because he seemed to be particular about every little thing. Whenever they submitted the documents for his approval, he rewrote them. But soon they realized he might be aware of outside circumstances that they don't understand. He really has power of persuasion. So now everyone respects him a lot.

Question: Why do Albert and his co-workers respect their new boss?

去年、アルバートは新しい上司を迎えた。最初、彼と彼の同僚はその上司のことを好きではなかった、彼がどんな小さなことにもこだわるように見えたからだ。承認を求めて文書を提出すればいつも、彼はそれを書き直した。しかしまもなく、彼らは彼が自分たちの理解していない外部事情を知っているのかもしれないとわかった。彼はほんとうに説得力がある。だから今では誰もが彼をたいへん尊敬している。

質問： なぜアルバートと彼の同僚は彼らの新しい上司を尊敬するのですか？

第4章 文の内容一致選択 C

選択肢の訳
1 彼は彼らの報告書を承認するから。
2 彼は彼らを納得させるから。
3 彼は以前の上司より賢いから。
4 彼はいつも外出するから。

解説 has power of persuasion「説得力がある」ということは「相手を納得させる」ということで正解は **2**。be particular about ～「～にこだわる」approval「承認」

ANSWER 2

Bill is in elementary school. He is making an art work for the school's homework. He needs a pizza box to complete it. This morning, he told his mother about it. Luckily, she offered to help him. She said she would order pizza for supper. Bill was very relieved. And he is looking forward to eating pizza. Pizza is his favorite food.

Question: What did Bill's mother offer to do for him?

ビルは小学生だ。彼は学校の宿題で図工の作品を作っている。それを完成するにはピザの箱が必要だ。今朝、彼は母親にそのことについて話した。幸いにも、彼女は彼を助けてあげようと言ってくれた。夕食にピザを注文しようと言ったのだ。ビルはたいへん安心した。そしてピザを食べるのを楽しみにしている。ピザは彼の大好物なのだ。

質問： ビルの母は彼のために何をしようと言ってくれましたか？

選択肢の訳
1 学校まで車で送る。
2 美術館に連れていく。
3 夕食を作るのを手伝う。
4 夕食にピザを買う。

解説 図工の宿題の材料（ピザの箱）を入手するため夕食にピザを注文するのだから、正解は **4**。favorite food「大好物」

ANSWER 4

No.21 🔊 TR-52

Sonia thinks most of her time is taken up with cooking and housework. Besides, she has to pick her children up from school on weekdays. She really wants to make time for herself. So she's planning to have much fun this week. She's going to go on the cruise around the Caribbean. Luckily, her husband isn't on a tight schedule this week, so he offered to look after their children. He said to her that she deserved a little pampering.

Question: What is Sonia planning to do this week?

ソニアは自分の時間のほとんどを料理と家事に取られていると思う。そのうえ、平日は自分の子どもを学校に迎えに行かなければならない。ほんとうに自分の時間を作りたいと思う。そこで彼女は今週おおいに楽しむ計画を立てている。カリブ海周遊クルーズに出かけるつもりだ。幸い、彼女の夫は今週スケジュールがきつくないので、子どもの面倒を見ようと申し出てくれた。彼は彼女に少し自分を甘やかしてもいいと言った。

質問: ソニアは今週何をしようと計画していますか？

選択肢の訳　**1** 料理と家事を楽しむ。　**2** 子どもたちのための時間を作る。
3 船旅をおおいに楽しむ。　**4** 夫を職場に迎えに行く。

解説 she's planning to の後は have such a fun「おおいに楽しむ」とあり、具体的内容はその次の go on the cruise で、正解は**3**。deserve 〜「〜に値する」 pampering「甘やかすこと」

ANSWER
3

No.22 🔊 TR-53

The cuckoo is a dove-sized bird. They are well-known parasites. Because the females lay their eggs in the nests of other birds. They may even remove others' eggs when laying theirs. And their eggs are colored to match those of their hosts. Their recent population decline makes them a Red List species. That means they are in danger of becoming extinct.

Question: What is one thing that we learn about the cuckoo?

カッコウはハトぐらいの大きさの鳥だ。寄生することでよく知られる。というのはカッコウのメスは卵をほかの鳥の巣に産むからだ。自分の卵を産んでいるときにほかの鳥の卵を取り除くことさえある。それからカッコウの卵は宿主の卵と合うように色づけされる。最近カッコウの数が減ったことで絶滅危惧種にされている。それはカッコウが絶滅する危険にあることを意味する。

質問: カッコウのことについてわかる一つのことは何ですか？

選択肢の訳　**1** ほかの鳥の巣に産卵する。
2 ハトのように色づけされる。
3 数が増えている。
4 寄生者であるため絶滅危惧種になっている。

解説 内容に誤りのない**1**が正解。**2**は色でなく大きさ、**3**は逆、**4**は理由が違う。parasite「寄生者、居候」 species「種」 extinct「絶滅した」

ANSWER
1

No. 23 TR-54

This announcement is for passengers taking the one o'clock train to Grand Central Terminal in New York. We are sorry to announce that the train has been delayed due to heavy snow. However, we are finishing removing the snow. The train will leave this station at three p.m. We are very sorry for the inconvenience.

Question: What does the announcement say about the one o'clock train?

この放送はニューヨークのグランドセントラルターミナル行き1時の列車にお乗りになるお客様へのお知らせです。大雪のため列車が遅れておりまして申し訳ございません。しかしながら、除雪作業を終えようとしております。列車は午後3時には当駅を出発いたします。ご迷惑をおかけいたしましたことを重ねてお詫び申し上げます。

質問：この放送は1時の列車についてどう言っていますか？

選択肢の訳
1 すでにグランドセントラルターミナルを出発している。
2 ニューヨークに今到着しようとしている。
3 遅延している。
4 運行中止になった。

解説 has been delayed とそのまま放送しているので、正解は **3**。2時間遅れで出発の予定だ。

ANSWER 3

第4章 文の内容一致選択 C

No. 24 TR-55

Recently, Tommy wrote a letter to his local newspaper. He complained about his neighbors' water usage because he thinks that some of them are wasting water even during the drought. For example, he witnessed one of them washing his car using the hose without a shut-off nozzle. Tommy is angry because he thinks everyone should conserve water and recycle more. He is such a conservationist.

Question: Why did Tommy write a letter to his local newspaper?

最近、トミーは地元の新聞に手紙を書いた。彼は近所の人たちの水の使用について苦情を述べた。理由は干ばつの間さえ水を無駄にしている人がいるからだ。例えば、彼はそのうちの一人が節水ノズルなしのホースを使って車を洗うのを目撃した。トミーは全員が水を節約し、もっとリサイクルすべきだと思うので、怒っているのだ。彼は立派な環境保護主義者だ。

質問：なぜトミーは地元紙に手紙を書いたのですか？

選択肢の訳
1 干ばつの間断水になったから。
2 彼は自分の車を洗いたかったから。
3 その新聞が間違ったから。
4 彼は近所の人たちに腹を立てているから。

解説 近所の人たちの水の使い方について苦情を言うため、つまり近所の人たちに対して怒っているからで、正解は **4**。drought「干ばつ」 witness「目撃する」 conserve「節約する」 conservationist「環境保護主義者」

ANSWER 4

Column 4　Why の使い方

　冒頭に Why があれば、「なぜ？」と考えがちです。これは why が、いわゆる 5W1H の疑問文を導き、理由をたずねる機能を果たすと判断するからです。ところが、**why は「なぜ？」とたずねる疑問文を導くだけではありません**。ほかの機能も持っています。形は疑問文でも、実は「提案・勧誘」や「依頼」の意味を表すこともできます。

　会話では、この用法の why の出現頻度が高くなります。通常は why の後ろには、don't you 〜？とか don't we 〜？が続きます。この場合、「〜しませんか？」という「提案・勧誘」か、「〜してくれませんか？」という「依頼」を表しているので、**Why don't you 〜？/ Why don't we 〜？** には、**absolutely / certainly / let's / sure / OK** などを用いて答えます。

　「提案・勧誘」や「依頼」には、Do you mind 〜？/ Would you mind 〜？のパターンもあります。これも相手の意向を聞く疑問文で、意味的には「〜していただけますか？」「〜してもよろしいですか？」となりますが、直訳すると「〜するのを気にしますか？」となります。

　したがって「断らない」場合には、答えは "No."（気にしません）となります。承諾するときに "No." と言わなければならないことに注意しましょう。**Do you mind 〜？/ Would you mind 〜？** に対して、**I'd be happy to.**（喜んで）、**No, not at all.**（全然かまいません）と言うことで、「快諾」することになります。

　why ではなく、what で始まる疑問文が「理由をたずねている」というパターンも、会話では頻発します。「どうしてここに来たのですか？」とたずねる文は、直訳的には Why did you come here? になるでしょうが、what を使って **What made you come here?** や **What brought you here?** もよく使われます。日本語にすると、すべて「どうしてここに来たのですか？」という意味になりますが、直訳すると、それぞれ「何があなたをここに来させたのですか？」「何があなたをここに持ってきたのですか？」となります。日本語として変ですが、覚えておくと便利な表現です。試験だけではなく、実際の会話でもおおいに役立ちます。

　英会話ではこのように、無生物主語がよく登場するので、よく使われる表現を自分でまとめておきましょう。

第5章

二次面接試験

2nd Grade

音声アイコンのある問題は、音声を聞いて答える問題です。
音声はスマホやパソコンでお聞きいただけます。
詳細は6ページを参照してください。

二次面接試験

　二次面接試験は、一次試験合格者に対して行われる面接形式のスピーキングテストで、会話能力を直接測定します。面接委員は、日本人またはネイティブスピーカー 1 名で、試験はすべて英語で行われます。

　合否は評価項目（要素）を総合して判定されます。試験時間は約 7 分です。

●二次面接試験の流れ

①入室　　　　　　　　　・面接委員と簡単な挨拶
→ Point 1　　　　　　　・面接カードを面接委員に渡す
　　　　　　　　　　　　・面接委員の指示に従って着席
　　　　　　　　　　　　　　　↓

②氏名と級の確認　　　　・氏名の確認
→ Point 2　　　　　　　・受験級の確認
　　　　　　　　　　　　　　　↓

③問題カードの黙読　　　・面接委員から英文とイラストの入った問題カードが手渡
→ Point 3　　　　　　　　される（194 ページ参照）
　　　　　　　　　　　　・問題カードを黙読する（20 秒間）
　　　　　　　　　　　　　　　↓

④問題カードの音読　　　（文の区切り、発音、アクセント、リズム、イントネーション
→ Point 4　　　　　　　　などを判定）
　　　　　　　　　　　　・問題カードの英文を音読する
　　　　　　　　　　　　　　　↓

⑤質疑応答（回答内容、情報量、語彙、文法、表現方法などを判定）
　　　　　　　　　　　　・面接委員から英語で四つの質問を受けてそれに英語で答える
　　　　　　　　　　　　問題 1 … 英文についての質問→ Point 5
　　　　　　　　　　　　問題 2 … イラストの状況を説明する質問→ Point 6
　　　　　　　　　　　　問題 3、問題 4 … 受験者個人の意見を聞く質問
　　　　　　　　　　　　　　　　　　（問題カードを伏せて回答）→ Point 7
　　　　　　　　　　　　　　　↓

⑥退席　　　　　　　　　・面接委員から、問題が終わったことの指示
→ Point 8　　　　　　　・問題カードを面接委員に渡し、挨拶をして退席

Point 1
入室するときには大きな声で挨拶し
促されてから着席

①面接室に入るときは、午前中なら 'Good morning.' 午後なら 'Good afternoon.' と、大きな声で挨拶しましょう。

②面接委員が 'May I have your card?' と言うので、'Here you are.' と答えながら「面接カード」を渡します。

③面接委員が 'Thank you. Please have a seat.' と言うので、これを聞いてから着席します。入室していきなり座らないよう注意しましょう。

Point 2
氏名・級の確認には面接委員の目を見て
大きな声ではきはきと答える

①面接委員が 'My name is ____ .' と自分の名前を言います。

②続いて 'May I have your name, please?' と名前をたずねるので、'My name is ____ .' と答えます。

③'This is the second grade test. OK?' と、受験級を確認します。そこで 'Yes.' と答えると 'All right. Now, we'll begin the test.' と、テストが開始されます。

　ここは当たり前の答えを返せばよいのですが、評価項目には attitude「態度」があるので、大きな声ではきはきと、面接委員の目を見て答えましょう。

Point 3
問題カードの黙読時間「20 秒」をあらかじめ意識し
最後まで読めるようにする

①いよいよテスト開始です。面接委員が 'Here's your card.' と言い、問題カードを手渡します。受け取るときは忘れずに 'Thank you.' とお礼を言います。

②次に、面接委員が 'Read the passage for twenty seconds.'「20 秒間で黙読してください」と指示するので、黙読を始めます。問題カードの上部に約 60 語の英文が記載されています。冒頭のタイトルにも注目し、20 秒間で必ず読み終えるようにします。意味のわからない単語や熟語があっても飛ばして、必ず最後まで読み進めます。20 秒がどのくらいか、事前に時間を計って英文を読む練習をしておきましょう。

　英文の下には導入の一文に続いて、英文の内容を受けたストーリー仕立ての 3 コマのイラストがあります。ここまで目を通すようにします。

Point 4
英文の音読は明瞭に発音する

①面接委員が 'Now, please read the passage aloud.' 「声に出して読んでください」と、音読を要求します。

②カードの英文を音読します。速く、英語らしく、と意識しすぎないようにします。面接委員によく聞こえるよう大きな声ではっきりと、基本に忠実に、聞く人にわかりやすく読んでください。

Point 5
英文の内容に関する質問では
正解の部分を早く見つける

①音読が終わると、面接委員が 'Now, I'm going to ask you four questions, OK?' 「これから四つの質問をしますが、いいですか？」と聞いてきます。

②'Yes.' と答えたら質問が始まります。

③'No.1. According to the passage _____ .' と、まずはカードに記載されている英文の内容に関する質問です。カードを見てもよいので、質問をしっかり聞き取り、正解にあたる部分をすばやく見つけることがポイントです。

④見つけたら、その部分を読みますが、カードに記載された動詞を、質問に使われた動詞に合わせるなど多少の言い換えが必要です。簡単な言い換えなので、臨機応変に対処します。また、答えるときはカードに目をやらず、面接委員を見て話すことを心がけましょう。

Point 6
イラストをストーリーに仕立てるときは
与えられた情報を生かす

①面接委員が 'No.2. Now, please look at the picture and describe the situation. You have twenty seconds to prepare.' 「イラストを見て、イラストの状況を説明してください。準備時間は20秒です」と言い、第2問に入ります。

②20秒後に 'Please begin.' と、始めるように促されます。イラストの上には「最初の文はこれです」と、一文が記載されているので、まずはこれを読みます。

③イラストにせりふが入っている場合は「誰が何と言ったか」をまずは把握します。2コマ目、3コマ目と進む矢印には、時の経過を示す言葉が記載されているので、それも説明に生かします。正確な文法表現を使うこともポイントです。また、話すときはカードから目を離して面接委員を見ることは、ここでも同じです。

④説明が終わると、面接委員が 'Now, please turn over the card and put it down.' 「それではカードを裏返して下に置いてください」と指示するので、問題カードを伏

せて置きます。これ以降、カードを見ることはできません。

Point 7
意見をたずねられたら理由を明確に述べる

①問題カードの内容に絡んだ（内容と離れることもあります）、ある主張が面接委員から説明され、その主張に賛成か反対かを問われます。

②賛成なら 'I agree.'、反対なら 'I disagree.' とまず言い、続いて理由を述べます。理由は論理的に述べるようにします。

③次に、面接委員が問題カードとは離れた話題を紹介した後、その事実に関してYes か No で答えられる質問をします。これも自分の意見で 'Yes.' あるいは 'No.' とまず答え、論理的に理由を述べましょう。

この2問に対して賛成・反対、Yes・No で答えるときは、たとえ自分の意に反しても理由を英語で言いやすい方を選ぶのがいいでしょう。自己主張が目的でなく、英語力を示すのが目的であることを忘れないでください。

Point 8
好印象を残して終える

①四つの質問に回答し終えると、面接委員が 'All right. That's all. May I have the card back, please?' と、問題カードの返却を求めるので、'Here you are.' と言って返します。

②'Thank you. You may go now.' と言われたら、忘れずに 'Thank you. Good-bye.' と挨拶して退室します。ほほえんで感謝の気持ちを表すとよいでしょう。

※実際は流れが変わる場合があります。

Online meetings and traditional ones

Remote working has conventionally held a bad reputation. But today, more and more companies are adopting it. As a result, employees can avoid crowds by working from home. In remote working environments, traditional meetings in the office have to be shifted to online meetings. Some people say online meetings are more productive, while others say being physically together in the same room makes effective communication. After all, the real issue is how you manage your meetings no matter if they are held in the office or online.

Your story should begin with this sentence: **One day, Takako was participating in an online meeting with her two colleagues from home.**

Questions （以下は問題カードに記載されていません）

[No.1] According to the passage, what is a common issue about traditional meetings and online meetings?

[No.2] Now, please look at the picture and describe the situation. You have 20 seconds to prepare. Your story should begin with the sentence on the card.

Now, Mr./Ms. ＿＿ , please turn over the card and put it down.

[No.3] Some people say that all meetings should be held online. What do you think about that?

[No.4] These days, *ramen* that is one kind of Japanese food, has gone global, with more and more shops opening up worldwide. Do you think people around the world enjoy eating *ramen*?
Yes. Why?
No. Why not?

英文の訳

従来の会議とオンライン会議

遠隔勤務は、従来評判が悪かった。しかし今日、ますます多くの企業がそれを採用している。結果として、従業員は在宅勤務することで混雑を回避できる。遠隔勤務の環境では、従来のオフィス内での会議はオンライン会議に移行されなければならない。オンライン会議はより生産的だと言う人もいれば、同じ部屋に実際に一緒にいることでコミュニケーションが効率化されると言う人もいる。結局、会議が行われるのがオフィス内であれオンラインであれ、本当の問題は会議をどう仕切るかだ。

あなたの話をこの文で始めてください：<u>ある日、タカコは自宅から同僚二人とのオンライン会議に参加していました。</u>

イラストの解説

1 コマ目
「さあ始めましょう。今日は三つの項目について議論します。」と画面に話しかけるタカコ
　　↓ 10 分後
2 コマ目
タカコの部屋の外で道路工事
　　↓ その直後
3 コマ目
騒音に耳をふさぎいらつく参加者

解答例と解説

[No.1] 🔊 TR-58

放送文 According to the passage, what is a common issue about traditional meetings and online meetings?

訳 この文章によると、従来の会議とオンライン会議で共通の問題は何ですか？

解答例 It's how you manage your meetings.

訳 それは、会議の仕切り方です。

解説 従来の会議とオンライン会議とに共通する問題を疑問詞 what を用いて問われているので、ずばり It's ... と答える。文中では if they are held in the office or online と、オフィス内（従来の）会議、オンライン会議、どちらの会議でも issue ＝ problem は何か明記している。

[No.2] 🔊 TR-59

放送文 Now, please look at the picture and describe the situation. You have 20 seconds to prepare. Your story should begin with the sentence on the card.

訳 それでは、絵を見て状況を説明してください。準備に20秒あります。カードの文で話を始めてください。

解答例 One day, Takako was participating in an online meeting with her two colleagues from home. She was talking to other attendees to start the meeting. She said, "Let's get started. Today we have three items to discuss." Ten minutes later, a worker started to drill the ground loudly outside Takako's room. Other attendees also heard this noise through their computers. One attendee was irritated by Takako's noisy background.

訳 ある日、タカコは自宅から同僚二人とのオンライン会議に参加していました。彼女は、会議を始めるために他の出席者に話しかけていました。彼女は、「さあ始めましょう。今日議論する項目は三つあります」と言いました。10分後、作業員がタカコの部屋の外でやかましく地面にドリルをかけ始めました。他の出席者もコンピューターを通してこの騒音を聞きました。出席者の一人は、タカコの背後がうるさいのにいらつきました。

解説 1コマ目ではタカコが自宅でオンライン会議に参加し、出席者に話しかけている。2コマ目ではタカコの部屋の外で騒音を出す道路工事が行われている。3コマ目では会議出席者の一人が騒音にいらついている。

[No.3] 🔊))) TR-60

放送文 Now, Mr./Ms. ＿＿ , please turn over the card and put it down.

訳 さあ、＿＿ さん、カードを裏返してください。

放送文 Some people say that all meetings should be held online. What do you think about that?

訳 すべての会議はオンラインで開催されるべきだと言う人もいます。それについてあなたはどう考えますか？

解答例（肯定） I agree. The only thing that you need is an Internet connection. It's convenient for all the attendees.

訳 賛成です。唯一必要なことはインターネット接続だけですから。あらゆる出席者にとって便利です。

解答例（否定） I disagree. Because I think face-to-face communication is very important. We can see other attendees' reactions physically.

訳 反対です。対面式のコミュニケーションがたいへん重要だと思うからです。他の出席者の反応を現場で見ることができます。

解説 all meetings「すべての会議」が論点のポイント。賛成ならオンライン会議がいかに優れているかについて、反対なら実際に集まって行う会議の必要性について述べる。

[No.4] 🔊))) TR-61

放送文 These days, *ramen* that is one kind of Japanese food, has gone global, with more and more shops opening up worldwide. Do you think people around the world enjoy eating *ramen*?
Yes. → Why?　　No. → Why not?

訳 最近、日本食の一つのラーメンが、世界中で次々店を開店してグローバルになっています。あなたは世界中の人がラーメンを食べるのを楽しむと思いますか？
Yes. →なぜですか？　　No. →なぜですか？

解答例（肯定）（Yes. と答えて Why? と問い返され）：Because *ramen* has many variations so that they can find their own way to eat it.

訳 ラーメンはバリエーション豊富で、自分なりの食べ方を見つけることができるからです。

解答例（否定）（No. と答えて Why not? と問い返され）：Because some people in the world care about others' eating noisily in the *ramen* shop.

訳 世界にはラーメン店内で他人が音を立てて食べるのを気にする人もいるからです。

解説 まず Yes/No を回答する。次いでその理由を聞かれるので、Yes の場合はラーメンの世界に通じる魅力について、No の場合は市場を世界中とした場合の難点について述べます。

模擬試験

- **筆記〈85分〉**
- **リスニング〈25分〉**

筆記

1	次の (1) から (20) までの ( ) に入れるのに最も適切なものを 1, 2, 3, 4 の中から一つ選びなさい。

(1) Kate has heard that playing video games too much can ( ) with memory, so she only let her son play them on Saturday afternoon.
1 interfere　　**2** supply　　**3** wipe　　**4** combine

(2) Jun is wondering if electronic money becomes even more popular from now on. And day by day, she finds it ( ) easy to live a cashless life.
1 nervously　　**2** suddenly　　**3** carefully　　**4** remarkably

(3) Homer won the school science fair. And he had the opportunity to participate in the National Science Fair to ( ) his school.
1 collapse　　**2** insult　　**3** obtain　　**4** represent

(4) As every system was different between the two banks, they faced many challenges before their merger. But they ( ) merged into a mega bank.
1 cruelly　　　　　　**2** unfortunately
3 eventually　　　　**4** increasingly

(5) The continuing decline in the consumption of rice, which is largely supplied by domestic production, is one of the causes for Japan to import a large ( ) of food.
1 movement　　**2** operation　　**3** quantity　　**4** benefit

(6) *A:* When I was a high school boy, I went outside to see the satellite orbit across the sky.

B: Well, since then, you've had a (　) for building your own rocket.

1 suspect **2** passion **3** destruction **4** gravity

(7) *A:* Dad, you expect me to go into your business, don't you?

B: Of course. In this competitive world, there isn't much choice for you. I'll completely teach you my business until I (　).

1 retire **2** spoil **3** broadcast **4** insert

(8) Mr. Garcia asked his students what they called "beautiful." After their various answers, he said that there were no (　) standard for determining beauty.

1 absolute **2** dazzling **3** generous **4** romantic

(9) Shirley applied for a permanent resident card after she finished her study. After a week, the government (　) her to live and work anywhere in Canada.

1 restored **2** greeted **3** permitted **4** followed

(10) When the man saw an injured woman on the street last night, he immediately called an (　). Then, she was taken to the hospital in twenty minutes.

1 accomplishment **2** ambulance
3 occasion **4** objection

(11) When Michelle gave her acceptance speech for the lead actress award, she spoke loudly (　) of the people in the back of the theater.

1 for a change **2** for the benefit
3 at the sight **4** at the expense

(12) Since her boss was looking over her shoulder, it was difficult for Dorothy to ( ) her work. She ended up complaining about it to the human resources department.

1 interfere with **2** concentrate on

3 see about **4** laugh at

(13) *A:* Dad, is it OK if I plan to have the engagement party of Steve and me in our home garden?

B: ( ). We can afford to accommodate around fifty guests.

1 In any case **2** At any rate

3 By all means **4** On the whole

(14) Joe heard that Alison kept talking about a government official's scandal, but he was not sure who she was ( ) to.

1 fading **2** referring **3** maintaining **4** supplying

(15) Mr. Hennessy told his journalism students to organize their news stories ( ): they must begin with a conclusion, add some details, and then write a background.

1 as follows **2** by nature **3** in stock **4** off duty

(16) On the surface, Tina's new workplace looked different from her previous company, but ( ), it was quite similar.

1 with help **2** in practice **3** by birth **4** on schedule

(17) Andrew King talked with the reporter about why the time was right for the TV series "*Fort Worth*" to ( ) to an end. The sixth season will be its last.

1 hit **2** sell **3** come **4** drive

(18) *A:* Without money or connections, ( ) do you think Jack has become the richest man in China?

B: I think the only way he could get ahead was through education.

1 what **2** who **3** when **4** how

(19) John has read the script, and wants a big change to it. As it is, he knows all of the attention (　　) centered around the heroine.

1 will be　　　　**2** to be　　　　**3** had been　　　　**4** is being

(20) Having (　　) New York before, Matthew knew some really good Italian restaurants. He reserved one of them for his client just after his arrival.

1 to visit　　　　　　　　　**2** visiting

3 been visited　　　　　　　**4** visited

[A]

King Arthur's Excalibur Sword

One of the most famous swords in European legends, the Excalibur is the magical sword of King Arthur, the legendary ruler of Britain. Throughout many legends, this sword has had many names and users, yet retains its powerful reputation in every story that features it. Until now, the legendary sword remains popular in films, novels, and other entertainments. Many people believe King Arthur was a real person in the 6th century, but most historians who study the period do not consider him (**21**).

The tale of King Arthur and his Excalibur sword continues to inspire authors and filmmakers. In the early 12th century, British writer Geoffrey of Monmouth wrote the first life story of Arthur in his book "History of the Kings of Britain." He also referred to the sword of King Arthur as Caliburn—now known as Excalibur—which was made in the island of Avalon. However, he gave (**22**) where this story came from, resulting in many later writers believing that he made everything all up.

Then in 1963, Walt Disney produced the animated film "The Sword in the Stone." This movie tells the story of a 12-year-old boy who would eventually become King Arthur. And now, there is Excalibur at both Disney World in Florida and Disneyland in California. Excalibur does not really exist, but (**23**) there we can find a fantasy sword.

(21) **1** to appear in several movies
   2 to be given the new image
   3 to have been a real person
   4 to have had many names

(22) **1** reason to film
   2 normal reaction
   3 many evidences
   4 no clue

(23) **1** in response
   2 at least
   3 on average
   4 with luck

模擬試験

筆記

[B]

Bye Bye Plastic Bags

Bali's beaches are world-famous, but so is its plastic problem. Indonesian sisters Melati and Isabel Wijsen grew up on the island, witnessed the spread of plastic pollution firsthand, and decided to finally take matters into their own hands. Then they were only 12 and 10 years old, respectively. They saw a problem and decided to find a solution. Thousands of tons of plastic waste are washed away into the sandy beaches every year. They found that other countries were making efforts to lessen their pollution. (24), in Bali and the rest of Indonesia, people enjoyed using practical plastic bags.

Melati and Isabel began a grassroots movement: Bye Bye Plastic Bags (BBPB). BBPB's movement has grown well across the country. (25), the Indonesian government issued a regulation that bans plastic bags in supermarkets, and urged vendors to use other packaging materials such as cloth.

However, the regulation (26) and invited confusion among citizens because plastic bags were still used in traditional markets. Many vendors said they didn't have any other alternatives since they sell fresh goods like fish. For the sake of hygiene, plastic bags are essential. Alternatives to plastic bags will have to solve such challenges in order to say "Bye Bye Plastic Bags."

(24) **1** On the contrary
2 For this reason
3 Like before
4 What is worse

(25) **1** In spite of this
2 Therefore
3 Likewise
4 In particular

(26) **1** accepted beyond Bali
2 taught people to dispose plastic
3 caused some backlash
4 had higher value for recycling

模擬試験

筆記

3

次の英文[A]，[B]，[C]の内容に関して，(27) から (38) までの質問に対して最も適切なもの，または文を完成させるのに最も適切なものを 1，2，3，4 の中から一つ選びなさい。

[A]

From: Loui Carneros Winery < info@louicateneros.com >
To: Daniel Lester < danles123@friendly.com >
Date: January 24
Subject: Wine Kingdom Tour

Dear Daniel,

Thank you for sign up for our Wine Kingdom Tour. This tour will be held in memory of Loui Carneros Winery's tenth anniversary. Through this tour, you would be given a guided tour of the grape farm and wine cellar by the same staff who makes the wine; at the end of the tour, you can taste various wines in our tasting room. It will be sure to be an extravagant experience where you will be able to fully enjoy our best wines.

At the beginning of this tour, we'll be holding a wine tasting contest. If you want to participate, please register your name or nickname at the reception desk the day before the tour. Please note that you must not drink any coffee or flavored drinks at least two hours before the tasting. The same applies to food: do not eat any flavored or hot spicy foods. Following these tasting etiquette rules will enhance your wine tasting experience, for sure. And then you might win a fantastic prize.

As you know, we can't seem to be able to function without our phone. However, please turn them off and focus on the wines during this tour. Only if you get permission first, you can take pictures by using your phone.

We look forward to seeing you at the tour!
Loui Carneros Winery Staff

(27) During the Wine Kingdom Tour, Daniel will be able to
    1 visit the vineyard with a guide making wine.
    2 watch movies based on his favorite wine.
    3 take lessons in how to make his own wine.
    4 finance the tastings of extravagant wines.

(28) What is one thing that participants in the wine tasting contest need to do?
    1 Eat or drink nothing flavored two hours before.
    2 Sign up two hours earlier than beginning the tour.
    3 Pay an entry fee at the reception desk.
    4 Explain why they want to use a nickname.

(29) Wine Kingdom Tour participants must ask to be allowed to
    1 drink some coffee in the wine cellar.
    2 turn their phone on to call a guide.
    3 take pictures with their phone.
    4 focus on tasting their own wine.

[B]

Founder of Savile Row

Savile Row tailoring is men and women's custom tailoring that takes place on Savile Row and neighbor streets in Mayfair, Central London. A Savile Row suite is universally understood to be the best one can buy. There is no other street in the world that has meant such excellence. One tailor — Henry Poole — is responsible for this. In 1846, Henry Poole called "Founder of Savile Row" opened his store at Savile Row. His company, Henry Poole & Company, has created the Dinner Jacket, called a Tuxedo in America.

The company has remained a family-run business since their establishment in 1806. They opened first in Brunswick Square originally focusing on military tailoring at the time of the Battle of Waterloo. Their business moved to Savile Row in 1846, following the death of founder James Poole. And James's son, Henry began to shift focus from the military to the aristocratic sportswear, bringing him into contact with the top of society and eventually to the notice of the Prince of Wales, the future King Edward VII, who quickly became an established customer.

In 1865, the Prince of Wales ordered a short silk jacket, which he wore instead of evening dress for informal dinner parties. The trend caught on: This jacket became so popular that it began to be adopted by many men in the highest social circles. As a result of it, Poole and the Prince had established a new formal dress that would shortly be recognized as the dinner jacket. Poole would go on to receive the Royal Warrant as a tailor to the Prince of Wales, and later that of Queen Victoria, as well as virtually every crowned head of in Europe.

In 1961, Henry Poole & Company was forced to move to Cork Street because the lease expired. Then in 1982, they got back to Savile Row. Today Henry Poole & Company maintains the tradition of supplying perfect custom tailoring to the clients around the world, cut from the only finest fabrics available. These days, Henry Poole & Company has a permanent home at 15 Savile Row, serving loyal customers who seek out the fully flawless, fully customized, finer things in life.

(30) What is true of the clothes known as a Tuxedo in America?
  1 It is originally from military tailoring.
  2 The Prince of Wales ordered it as a traditional evening dress.
  3 James Poole has created it.
  4 It has caught on since 1865.

(31) What happened as a result of Henry's succession to the business?
  1 The company stopped the family-run.
  2 He continued to concentrate on the military tailoring.
  3 The Prince of Wales quickly became a partner in the business.
  4 The company moved to Savile Row.

(32) The future King Edward Ⅶ ordered an original Tuxedo
  1 to find a substitute for evening dress.
  2 to become a trendsetter in the world of fashion.
  3 to receive the Royal Warrant as a tailor.
  4 to force Henry Poole to move to Cork Street.

(33) What was one reason why Henry Poole could keep the Royal Warrant of the Prince of Wales?
  1 Because he developed a new formal dinner jacket.
  2 Because the Prince became the King Edward Ⅶ.
  3 Because Queen Victoria liked his design.
  4 Because he decided to return to Savile Row.

模擬試験

筆記

[C]

Gambling Mecca

Las Vegas was a small railroad town when Nevada formally established it in 1905. Five years after its founding, the U.S. census recorded only 800 residents. Yet by the 1950s, it was known as a gambling tourist haven, where visitors could see a show with celebrities like Frank Sinatra and Sammy Davis, Jr. in between trips to the card tables. Although Nevada's legalization of gambling in 1931 opened the doors for this transformation, that alone does not tell the whole story of how Las Vegas became the "Gambling Mecca." The story also includes an influx of workers to federal projects in Nevada, a crackdown on illegal gambling in Los Angeles and the gangsters' move to Las Vegas.

Nevada's legalization of gambling in 1931 coincided with the beginning of construction on the Hoover Dam, which brought thousands of workers to Boulder City, approximately 26 miles southeast of Las Vegas. On their pay day every two weeks, these workers would travel to Las Vegas to enjoy gambling. Still, an influx of them every two weeks was not enough to make Las Vegas a "Gambling Mecca." The first turning point was in 1938 when a new mayor in Los Angeles cracked down on illegal gambling. As a result of it, many gamblers moved to Las Vegas instead of Los Angeles. Then during World War II, the opening of a magnesium plant in nearby Henderson, about 16 miles southeast of Las Vegas, also brought in a large population of workers looking for weekend recreation.

And after World War II, a new group of people began to see the potential of opening their own Las Vegas casinos: the gangsters. Then during the 1950s, the gang helped bring performances to Las Vegas as a way of enticing more people to the casinos. They had connections to performers like Frank Sinatra, Sammy Davis, Jr., Judy Garland and more. Their clubs and resorts also have had the showgirl performances with lines of women dancing together.

Since late 1970s, as casino gambling has become legal in more parts of the country, Las Vegas resorts began to offer different types of attractions that will satisfy families including children. Now, regardless of your age, interests, or budget, there is an attraction in Las Vegas still called "Gambling Mecca."

(34) What was true about the workers of federal projects in Nevada in early 1930s?

1 They used to see a show with celebrities.

2 They would rush to Las Vegas on their payday.

3 They were cracked down on illegal gambling.

4 They enjoyed gambling in Boulder City.

(35) What was one reason that more and more people were attracted to Las Vegas?

1 New Los Angeles Mayor recommended to go to Las Vegas.

2 Many workers looking for recreation gathered near Las Vegas.

3 Las Vegas began to face gambling competition with Los Angeles.

4 Casino gambling became illegal in Las Vegas.

(36) The Hoover Dam

1 began to be built in 1931.

2 needed a massive effort involving millions of workers.

3 brought thousands of workers to Henderson City.

4 is located 16 miles southeast of Las Vegas.

(37) Some celebrities were taken to Las Vegas in order to

1 entertain visitors to the resorts.

2 dance together making a line.

3 open their own casinos.

4 connect to a new group.

(38) Which of the following statements is true?

1 The casino resorts in Las Vegas still concentrate on gambling.

2 Casino gambling has become illegal outside of Las Vegas.

3 New Las Vegas Mayor begin to entice gang running casino resorts.

4 Las Vegas has the amusements that are fun for all ages.

	ライティング
4	● 以下の TOPIC について，あなたの意見とその理由を<u>2つ</u>書きなさい。 ● POINTS は理由を書く際の参考となる観点を示したものです。 　ただし，これら以外の観点から理由を書いてもかまいません。 ● 語数の目安は 80 語〜 100 語です。

TOPIC

Some people say that Japan should give non-Japanese permanent residents the right to vote in elections. Do you agree with this opinion?

POINTS

- Tax
- Commitment
- Citizenship

リスニング

【2級リスニングテストについて】

このリスニングテストには，第1部と第2部があります。

★英文はすべて一度しか読まれません。

第1部：対話を聞き，その質問に対して最も適切なものを **1**，**2**，**3**，**4** の中から一つ
　　　　選びなさい。

第2部：英文を聞き，その質問に対して最も適切なものを **1**，**2**，**3**，**4** の中から一つ
　　　　選びなさい。

■ 第1部

No.1

🔊 TR-62

1 She is watching the DVD titled *Alice in Wonderland*.
2 She solved the problem by herself.
3 She thinks she lost her DVD.
4 She invited him to her room.

No.2

🔊 TR-63

1 He will write to the producer.
2 He will go to another store.
3 He will use the Internet.
4 He will look in his basement.

No.3

🔊 TR-64

1 Find a soccer coach.
2 Work at the man's office.
3 Take part in the meeting.
4 Finish the football game.

No.4

🔊 TR-65

1 Where to find a substitute.
2 What they should do in France.
3 Whether to negotiate with the buyer.
4 When to go to Australia.

No.5

🔊 TR-66

1 Buying the wine for tomorrow's party.
2 Choosing an appropriate wine.
3 Picking her up at six.
4 Going to Kate's birthday party together.

No.6

🔊 TR-67

1 She needs some more information.
2 She forgot to call the financial department.
3 She does not know how to write it.
4 She does not have time to do it.

No.7

🔊 TR-68

1 She went to see a doctor yesterday.
2 She received her prescription from the counter.
3 She has bought a big bed to sleep enough.
4 She has a lack of sleep recently.

No.8

🔊 TR-69

1 Call another restaurant.
2 Drive to the supermarket.
3 Make a pizza for lunch.
4 Go to pick up some food.

No.9

🔊 TR-70

1 On an airplane.
2 In a restaurant.
3 At a hotel.
4 At a travel agency.

No.10

🔊 TR-71

1 Shake hands.
2 Find a producer.
3 Make a speech.
4 Cast him in the new film.

No.11

🔊 TR-72

1 Close the gallery.
2 Rush to the venue.
3 Buy the exhibition ticket.
4 Avoid the crowds.

No.12

🔊 TR-73

1 To the Grand Canyon Virtual Tour.
2 To some Broadway theaters in New York.
3 To the Grand Hotel at Broadway in New York City.
4 To a casino resort in Las Vegas.

No.13

🔊 TR-74

1 A fuel surcharge and insurance surcharge are charged.
2 They have found the cheapest flight ticket to Hawaii.
3 They should look for another airline.
4 He did not look the airfare up on the Internet.

No.14

🔊 TR-75

1 The runner is stealing a base.
2 They do not like this stadium.
3 Their favorite team has been reversed.
4 Their favorite pitcher has taken the mound.

No.15

🔊 TR-76

1 Write his own academic paper immediately.
2 Express his own opinion publicly.
3 Build a new nuclear power plant.
4 Make a lot of money from the nuclear power plant.

■ 第2部

No.16

🔊 TR-77

1 Because people started using stone tools.
2 Because many young men wanted to be an archeologist.
3 Because the Stone Age was similar to mid-20th-century.
4 Because people saw a cartoon set in this period.

No.17

🔊 TR-78

1 Donate some money to the orchestra.
2 Change some members of the orchestra.
3 Have a rehearsal to make some arrangement.
4 Choose musicians for a concert.

No.18

🔊 TR-79

1 Brides put an antique coin in their shoe.
2 Brides wear the Victorian Era costume.
3 Wedding dances there are famous all over the world.
4 Weddings cost more money than in other countries.

No.19

1 They did not grow any corns.
2 They did not get any sunlight.
3 The soil dried too much.
4 Birds ate all of them.

No.20

TR-81

1 Teach the company how to launch their products.
2 Take a tour of the museum she likes.
3 Work on her holiday for paperwork.
4 Sell her collection of paintings.

No.21

TR-82

1 She told people how to organize things.
2 She helped people to raise money from charities.
3 She advised her clients to create crowdfunding platform.
4 She taught ways to be a consultant.

No.22

TR-83

1 It has already left New York.
2 It is arriving in New York.
3 It is getting back to the departure airport.
4 It is abandoning both two engines.

No.23

TR-84

1 She does not know how to walk to her office.
2 She cannot remember her boss's advice.
3 She has so much to learn at her job.
4 She may not be able to see her colleagues.

No.24

TR-85

1 Everyone will start boarding the plane.
2 Passengers will enjoy music and video.
3 The plane will take off.
4 The plane will arrive.

No.25

TR-86

1 Children can feed the dolphin.
2 Children can swim in the pool.
3 An expert on dolphins will visit.
4 An amazing dolphin show is beginning.

No.26

🔊 TR-87

1 By coming to the store on Monday.
2 By using its card over a fixed amount of money.
3 By purchasing something from top brands.
4 By introducing a new card member.

No.27

🔊 TR-88

1 Take some food from the reception desk.
2 Hear a prayer made by the bride's father.
3 Have great dinner cooked by a celebrity.
4 Visit the church to hear the God's voice.

No.28

🔊 TR-89

1 His friend did yoga by herself.
2 His yoga studio was going to close.
3 He had no time to do yoga.
4 He could not go to her yoga class.

No.29

🔊 TR-90

1 He broke his smartphone.
2 He got lost at night.
3 He had no place to put up his tent.
4 He could not help his friend.

No.30

🔊 TR-91

1 A movie he directed.
2 The early part of his career.
3 Several episodes of television series.
4 His decision to become a movie director.

模擬試験

リスニング

模擬試験 解答一覧

筆記

1

(1)	**1**	(6)	**2**	(11)	**2**	(16)	**2**
(2)	**4**	(7)	**1**	(12)	**2**	(17)	**3**
(3)	**4**	(8)	**1**	(13)	**3**	(18)	**4**
(4)	**3**	(9)	**3**	(14)	**2**	(19)	**1**
(5)	**3**	(10)	**2**	(15)	**1**	(20)	**4**

2

(21)	**3**	(24)	**1**
(22)	**4**	(25)	**2**
(23)	**2**	(26)	**3**

3

A	(27)	**1**	B	(30)	**4**	C	(34)	**2**
	(28)	**1**		(31)	**4**		(35)	**2**
	(29)	**3**		(32)	**1**		(36)	**1**
				(33)	**1**		(37)	**1**
							(38)	**4**

4

（解答例）I agree that Japan should give non-Japanese permanent residents the right to vote in elections. First, they are required to pay taxes just like Japanese people. The same commitment to pay taxes as Japanese people without the same rights is unfair. Second, the fundamental principle of a democracy is that members of the community should have a say in the decisions that affect them. Members should include not only people with citizenship but also permanent residents without it. For these reasons, I believe that Japan should give non-Japanese permanent residents the right to vote in elections.

リスニング

第1部

No.1	**3**	No.6	**1**	No.11	**2**
No.2	**3**	No.7	**4**	No.12	**4**
No.3	**1**	No.8	**4**	No.13	**1**
No.4	**1**	No.9	**3**	No.14	**3**
No.5	**2**	No.10	**1**	No.15	**2**

第2部

No.16	**4**	No.21	**1**	No.26	**2**
No.17	**3**	No.22	**3**	No.27	**2**
No.18	**1**	No.23	**3**	No.28	**1**
No.19	**1**	No.24	**4**	No.29	**2**
No.20	**2**	No.25	**4**	No.30	**1**

模擬試験

解答一覧

解説とリスニング問題の
スクリプトはこちら
https://www.takahashishoten.co.jp/book/eikenmogi2q/

著者

田畑行康　たばた ゆきやす

大阪大学経済学部経済学科卒業後、NEC入社。同社在籍中、欧米企業事例研究・英語研修等を担当し、研修部門シニアマネージャー等を歴任。現在、「言葉は文化」を信条に「ちょっとシェアしたい英語表現」等の英語セミナーを実施している。ビジネス・ブレークスルー大学オープンカレッジ講師、日本英語検定協会派遣講師、CEL英語ソリューションズ講師。
〈著書〉
『ニュース英語1分間スピーキング』（日本経済新聞出版社）ほか多数

英検®2級 頻出度別問題集 音声DL版

著　者　田畑行康
発行者　高橋秀雄
発行所　株式会社 高橋書店
　　　　〒170-6014 東京都豊島区東池袋3-1-1 サンシャイン60 14階
　　　　電話　03-5957-7103
©TAKAHASHI SHOTEN　Printed in Japan

本書の内容についてのご質問は「書名、質問事項（ページ、内容）、お客様のご連絡先」を明記のうえ、郵送、FAX、ホームページお問い合わせフォームから小社へお送りください。
回答にはお時間をいただく場合がございます。また、電話によるお問い合わせ、本書の内容を超えたご質問にはお答えできませんので、ご了承ください。本書に関する正誤等の情報は、小社ホームページもご参照ください。

【内容についての問い合わせ先】
　書　面　〒170-6014 東京都豊島区東池袋3-1-1 サンシャイン60 14階　高橋書店編集部
　FAX　03-5957-7079
　メール　小社ホームページお問い合わせフォームから　（https://www.takahashishoten.co.jp/）

【不良品についての問い合わせ先】
　ページの順序間違い・抜けなど物理的欠陥がございましたら、電話03-5957-7076へお問い合わせください。
　ただし、古書店等で購入・入手された商品の交換には一切応じられません。